日本語教師・分野別マスターシリーズ

よくわかる
音声

日本語教育能力検定試験対応

松崎　寛
河野俊之

アルク

よくわかる 音声

Copyright ⓒ 1998 松崎 寛・河野俊之
Original Japanese edition published by ALC Press, Inc.
This Korean edition published by arrangement with ALC Press, Inc., Tokyo
through Tuttle-Mori Agency, Inc., Tokyo

이해하기 쉬운 음성

초판 1쇄 인쇄일・2004년 6월 4일
초판 1쇄 발행일・2004년 6월14일
초판 2쇄 발행일・2007년 1월24일

지은이・松崎 寛・河野俊之
펴낸이・박영희
표지・조선경
펴낸곳・도서출판 어문학사
132-891 서울시 도봉구 쌍문동 525-13
전화 (02)998-0094 팩스 (02)998-2268
E-mail : am@amhbook.com
URL : 어문학사
출판등록 2004년 4월 6일 제7-276호
ISBN89-91222-11-0 13730

값 10,000원

● 잘못된 책은 바꿔드립니다.

머리말

◎이 책의 특징.

　음성학을 공부할 때, 교과서만을 열심히 읽으며 음성 기호의 형태나 조음점, 조음법의 명칭의 암기에 전력을 기울이던 나머지, 어려워서 포기해 버리는 사람이 있습니다. 음성학은 본래, 암기하는 학문이 아님에도 불구하고, 이러한 공부 방법이 「음성학은 어렵다」「지루하다」「매니아적인 학문이다」라는 이미지를 만드는 것은 애석한 일입니다.

　이 책은 음성학이 처음인 사람에게도 「쉬운 →어려운」의 순으로 학습을 진행할 수 있게 구성하여, 굳이 음성이란→음성기관의 명칭→모음→자음→액센트…라는 많은 다른 책에서 택하고 있는 제출 순서를 따르지 않았습니다. 음성기관의 명칭이나 국제 음성기호의 일람표는 책의 마지막 부분에 실어 놓았지만, 학습의 첫 단계부터 이것을 한꺼번에 외우려고 무리하실 필요는 없습니다. 각 과에서 명칭이나 기호가 나왔을 때, 전체에서의 위치 파악을 위해 활용 하는 정도로만 생각해 주십시오.

　그러나 「그것만 으로는 성에 안찬다. 나는 더욱 더 깊이, 자음이면 자음만을 집중적으로 공부하고 싶다」라고 하는 분은 활용하시되 편한마음으로 학습해 주시고, 이미 음성학을 배운분은 편안히 복습하는 마음으로 공부하여 주십시오.

◎용어의 정의.

　이 책 각 장의 표제, 용어, 설명 등은 일본어교육능력검정시험의 「출제 범위」나 과거의출제 내용을 세밀하게 분석한 것이지만, 다른 책의 예를 보면 「억양의 형태는 어떻다」라든지 「이 자음의 조음점은 ○○이다」라는 다른 내용이 적혀 있을 수도 있습니다. 음성학이 관찰자의 주관을 통하여 생성되는 학문인 이상, 각자의 설은 서로 다른 견해를 가지고 있습니다. 다른 칭호, 다른 설에 대해서는 가능한 많이 언급했으니, 사소한 차이에 구애받기 보다는 그 바탕에 흐르는 원리를 이해하는데 노력해 주십시오.

　물론, 기호나 명칭을 암기할 필요가 전혀 없는 것은 아닙니다. 하지만, 시험에 나오므로 외우고, 시험이 끝나면 잊어버리는 식이 되어서는 안 됩니다. 단순한 암기가 아니라, 「가르칠 때 어떻게 도움이 될까」라고 자문

자답 하며 학습을 진행하시고 거기서 얻은 것을 여러 가지 형태로 교육 현장에서 활용하시길 바랍니다.

음성기호는 왜 그렇게 많은 양의 기호를 외우지 않으면 안 되는가?

음성기호는 단순히 음성을 문자화하기 위한 것이 아닙니다. 학습자의 발음을 듣고 「무언가 틀리다」라고 느꼈을 때, 자음과 모음의 상호관계를 파악하여, 머리로 정리하고 분석할 수 있도록 도움을 주는 것입니다. 즉 음성 기호는 듣기 위한 편리한 도구로서 이용하는 것이 바람직한 것 '이라고 받아들이는 것이 중요합니다.

◎중요한 것.

하지만 무엇보다 중요한 것은 우리들이 매일 말하고 있는 살아있는 음성입니다. 억양이나 일본어 학습자의 틀린 발성의 경우도 기호화 하는 데는 한계가 있습니다. 그러므로 씌어진 것을 읽고 음성학이 어렵다고 느끼는 것은 당연한 것입니다. 기호를 암기하여 음성을 습득하려고 하는 것은 매우 고단한 작업입니다. 가장 좋은 학습방법은 좋은 선생님과 함께 귀를 단련시키고, 자신이 직접 발성하여 교정 지도를 받는 것입니다. 그것은 **養成 講座**에 다니는 것만을 뜻하지는 않습니다. 선배든 친구든 좋은 「선생님」을 만나 연습하는 것입니다. 그것이 힘들다면 이 책 부록의 CD를 몇 번이고 열심히 듣고, 자신이 스스로 「선생님」이 되는 것입니다. 그것이 최상의 방법일 것입니다.

유명한 언어학자이신 服部四郎님은 내뱉은 숨을 사용하지 않는 「入破音」이라는 특수한 자음(괴로운 듯한 소리가 나옵니다)을 어떻게든 마스터 하려고 식탁 앞 에서도 열심히 연습하다가 가족들에게 혼이 났다는 일화가 있습니다. 그렇게까지 하라고 권하진 않겠지만, 이 책 중에 「여기를 이렇게 하면 이렇게 되는 경우가 있다」라는 표현(예를 들면 「위턱 안쪽부분에 손가락을 넣으면 토할 것 같은 장소가 있다」등)이 나오면 항상 자신의 눈, 입, 귀, 손가락 등을 활용하여 자신이 직접 음성학을 체험해 주시기 바랍니다.

이 책이 보다 나은 음성교육을 실행함에 일조가 되었으면 합니다.

1998년 10월

松崎 寬 (마쯔자키 히로시)

河野 俊之 (가와노 도시유키)

はじめに

◎本書の特徴

　音声学を勉強する際、教科書だけを懸命に読んで、音声記号の形や、調音点・調音法の名称の暗記に全精力を傾け、難しさのあまり投げ出してしまう人がいます。音声学は本来、暗記ものではないはずなのに、このような勉強方法が「音声学は苦手だ」「つまらない」「マニアックな学問だ」というイメージを植えつけているのは、悲しいことです。

　このテキストは、音声学は初めてという人でも、段階を追って「易→難」へと学習が進められるように構成を配慮し、あえて、

　　　音声とは→音声器官の名称→母音→子音→アクセント…

という、多くのテキストで行われている提出順をとりませんでした。音声器官の名称や国際音声記号の一覧表は、巻末に載せておきますが、学習の初めから、これらを一気に覚えようと無理をする必要はありません。各課で名称や記号が出てきたとき、全体の中での位置付けを知るために活用する程度に考えてください。

　しかし、「それでは収拾がつかなくて困る、私はもっと子音なら子音だけ集中的に勉強したい」という人は、巻末の索引を活用して、好きなように学習を進めてください。既に音声学を学んだ人は、つまみ食いするように学習を進めてくださって、もちろん構いません。

◎用語の定義

　本書の、各課の見出し、用語、説明などは、日本語教育能力検定試験の「出題範囲」や、過去の実際の出題内容を綿密に分析して得たものですが、ほかの本に、例えば「イントネーションの型はいくつだ」とか、「この子音の調音点は○○だ」とか、異なることが書いてあることもあるかもしれません。音声学も観察者の主観を通じてなされる学問である以上、説が異なるのは仕方ないことです。異称、異説にはなるべく多く触れましたが、細かい違いにこだわるのではなく、その根底に流れる原理を理解するように、心掛けてください。

　確かに、記号や名称を暗記する必要が、全くないわけではありません。しかし、試験に出るから覚え、試験が終わったら忘れる、というのではもったいない。単なる暗記ではなく、「教えるときにどう役立つか」と、自問自答しなが

ら学習を進め、そして得たものを、さまざまな形で教育現場に生かすようにしてほしいと思います。

　例えば音声記号ですが、何のために、あんなに大量の記号を覚えなければならないのか。音声記号は、単に音声を文字化するためだけにあるのではありません。学習者の発音を聞いて「何かが違う」と思ったとき、子音や母音の相互の関係を把握し、頭を整理して分析できるようにする、その助けとなってくれるものなのです。つまり、聞き取りのための便利な道具として記号を利用する、こういうとらえ方をすることが大切です。

◎大切なこと

　しかし最も大切なのは、私たちが毎日発している生の音声です。例えば、イントネーションや、日本語学習者の誤った発音にしても、記号化にはおのずから限界があります。ですから、書かれたものを読んで音声学が難しいと思うのは、当たり前のことです。記号の暗記で音声を習得しようとするのは、まさに畳の上の水練です。

　最良の学習方法は、よい先生について耳を鍛え、自分でも発音し、矯正してもらうことです。それは、養成講座に通うことだけではありません。先輩でも友人でも、スジがよい「先生」を見つけて練習することです。それが無理なら、本書付属のCDを何度も一生懸命に聞き、自らが「先生」になること。これが上達の早道です。

　有名な言語学者の服部四郎という人は、吐く息を使わない「入破音」という特殊な子音（苦しそうな声が出ます）をなんとかマスターしようと、食卓でも一生懸命練習していて、気持ち悪いからやめてくれと家族に怒られたという逸話があります。それほどまでとはいいませんが、例えば本書の中に、
　「ここをこうすると、こうなることがわかる」
という表現（例えば「上あごの奥のほうに指を突っ込むと、吐きそうになる個所がある」など）が出てきたら、常に自分の目、口、耳、指など、体をフルに活用して、音声学を体感するようにしてください。

　本書がよりよい音声教育を考える上での一助となれば幸いです。

　　　　　1998年10月　　　　　　　　　　　　松崎　寛

　　　　　　　　　　　　　　　　　　　　　　河野　俊之

目　次

日本語教育能力検定試験とは————8
出題範囲（現行・新）————10
過去問題にみる出題の傾向————13
　筆記試験————13
　聴解試験————15

第1章　基礎を固めよう

第1課　五十音図とその拡大表
　　　　（行と段、清濁、現代仮名遣い、特殊拍）————18
第2課　話し言葉の語形
　　　　（拍・モーラ、特殊拍、連濁、転音、同化、縮約形）————24
第3課　母語の干渉、誤用分析
　　　　（音素と異音、対立、声帯振動、気息の有無）————31
第4課　アクセントの感覚、表記
　　　　（強弱と高低、弁別機能、アクセントの表記法）————38
第5課　アクセントの式と型
　　　　（核と滝、式と型、方言のアクセント、平板化）————44

第2章　音声記号にチャレンジ

第1課　子音の分類（その1）
　　　　（調音点、調音法、口蓋帆、瞬間音と継続音）————53
第2課　子音の分類（その2）
　　　　（声門の状態、半母音、五十音図の配列）————60
第3課　唇音退化、ハ行転呼
　　　　（ハ行の清濁、合拗音、有声化、現代仮名遣い）————67

第4課　四つ仮名
　　　　（サ行とザ行、ヘボン式ローマ字、破擦音の摩擦音化）————75
要点整理-1　国際音声記号表————82

第3章　耳を鍛えよう

第1課　拗音
　　　　（調音者、口蓋化、イ段と拗音）————85
第2課　環境による音声変化
　　　　（鼻濁音、鼻腔の関与、摩擦音化、ラ行音）————93
第3課　母音の分類
　　　　（舌の位置・舌の高さ・円唇化、母音無声化の規則）————101
第4課　プロミネンスとポーズ
　　　　（統語機能、準アクセント、ポーズ、プロミネンス）————108
第5課　イントネーション
　　　　（平調、上昇調、下降調、高さの変化を表す曲線）————115
要点整理-2　試験の選択肢————124

第4章　考える音声学

第1課　用言、複合語のアクセント
　　　　（動詞・形容詞のアクセント、特殊拍との関係、ゆれ）————128
第2課　音節構造
　　　　（特殊拍の異音、母音連続、音声学的音節、音節とモーラ）————137
第3課　音韻論
　　　　（口蓋への接触、自由異音と条件異音、相補分布、音素の数）————146
第4課　ストラテジー
　　　　（聴解試験問題5の傾向と対策）————156

要点整理-3　音素と異音―――162

第5章　知識を教室で生かそう

第1課　音声教育の現状―――166
第2課　学習者の発音の何が問題か―――169
第3課　学習者の誤りの傾向―――172
第4課　拍の指導―――175
第5課　子音・母音の指導―――178
第6課　アクセント・イントネーションの指導―――181

国際音声記号表―――185
国際音声記号表（口腔断面図付き）―――186
音声器官とその名称―――188
拡大五十音図―――189
参考文献―――190
索引―――192

※CDの学習者の発音は、以下の方々に特にお願いして、母語別の典型的な誤りをあえて発音してもらったものです。ここであらためてお礼申し上げます（五十音順、敬称略）。
安龍洙（アン・ヨンス）、李鎔炯（イー・ヨンヒョン）、ヴァイス・カタジーナ、張言行、趙南星（チョ・ナムソン）、ニ・ヌンガー・スアルティニ、朴成泰（パク・ソンテ）、ハルン・ダヤン・ノラシキン、ピーター・ロバーツ、李恵芳、ルアングメッタークン・ウィパーウィー

日本語教育能力検定試験とは

社団法人日本語教育学会認定の日本語教育能力検定試験は、財団法人日本国際教育協会が実施する試験で、同協会のホームページ(http://www.aiej.or.jp/)に詳しい情報が掲載されている。これによれば、試験の目的、方法、内容等は、次のようになっている。ただし、以下は「平成15年度日本語教育能力検定試験実施要項」より抜粋したものであり、今後、試験の詳細については変更もあり得るので、毎回発売される受験案内で、必ず新しい情報を確認したほうがよい。

● 目的

日本語教員となるために学習している者、日本語教員として教育に携わっている者等を対象として、その知識および能力が日本語教育の専門家として必要とされる水準に達しているかどうかを検定することを目的とする。

● 試験の方法、内容等
(1) 受験資格
　　特に制限しない。
(2) 試験の水準と内容
　　試験の水準　国内外で日本語教育の専門家として活躍していくために必要な基礎的・基本的知識・能力。
　　試験の内容　出題範囲は、別記のとおりとする。
　　　　　　　（ただし、全範囲にわたって出題されるとは限らない。）
(3) 試験の構成

試験Ⅰ	90分	100点	原則として、出題範囲の区分ごとの設問により、基礎的知識・能力、分析的知識・能力を測定する。
試験Ⅱ	30分	40点	音声媒体により、言語学習の音声的特徴に関する知識、瞬間的知覚・判断能力を測定する。試験Ⅰ、試験Ⅲの内容を含む。
試験Ⅲ	120分	100点	原則として、出題範囲の区分横断的な設問により、日本語教員の現場対応能力、問題解決能力、統合的判断能力、思考能力を測定する。

(4) 試験日　　平成15年10月19日（日）
(5) 実施地　　北海道、東京都、大阪府、兵庫県、福岡県

● 出願の手続き等
(1) 出願手続き
　　1) 願　書　所定のもの
　　2) 受験料　10,000円（税別）
　　3) 受付期間　平成15年6月9日（月）から7月11日（金）まで
　　　　　　　　（7月11日の消印有効）
　　4) 出　願　財団法人日本国際教育協会事業部試験課に提出
(2) 受験案内（出願書類付き）の配布
　　出願手続き等の細目については、平成15年6月までに「平成15年度日本語教育能力検定試験受験案内」で発表し、全国主要書店において販売の予定。

● 受験票の送付
　　願書を受理したものについて、平成15年9月26日（金）に発送の予定。

● 結果の通知等
　　合否の結果は、平成15年12月中旬に受験者全員に文書をもって通知するとともに、合格者には合格証書を交付する。

「平成15年度日本語教育能力検定試験実施要項」より抜粋

■試験についての照会先
　財団法人　日本国際教育協会
　事業部試験課　日本語教育能力検定試験係
　　住所　〒153-8503　東京都目黒区駒場　4-5-29
　　電話　03-5454-5579（24時間テレフォンサービス）
　　ホームページ　http://www.aiej.or.jp/

新 日本語教育能力検定試験 出題範囲

次のとおりとする。ただし全範囲にわたって出題されるとは限らない。

区分		主要項目
1. 社会・文化・地域	1. 世界と日本	(1) 諸外国・地域と日本 (2) 日本の社会と文化
	2. 異文化接触	(1) 異文化適応・調整 (2) 人口の移動（移民・難民政策を含む。） (3) 児童生徒の文化間移動
	3. 日本語教育の歴史と現状	(1) 日本語教育史 (2) 日本語教育と国語教育 (3) 言語政策 (4) 日本語の教育哲学 (5) 日本語及び日本語教育に関する試験 (6) 日本語教育事情：世界の各地域、日本の各地域
	4. 日本語教員の資質・能力	
2. 言語と社会	1. 言語と社会の関係	(1) 社会文化能力 (2) 言語接触・言語管理 (3) 言語政策 (4) 各国の教育制度・教育事情 (5) 社会言語学・言語社会学
	2. 言語使用と社会	(1) 言語変種 (2) 待遇・敬意表現 (3) 言語・非言語行動 (4) コミュニケーション学
	3. 異文化コミュニケーションと社会	(1) 言語・文化相対主義 (2) 二言語併用主義（バイリンガリズム（政策）） (3) 多文化・多言語主義 (4) アイデンティティ（自己確認、帰属意識）
3. 言語と心理	1. 言語理解の過程	(1) 予測・推測能力 (2) 談話理解 (3) 記憶・視点 (4) 心理言語学・認知言語学
	2. 言語習得・発達	(1) 習得過程（第一言語・第二言語） (2) 中間言語 (3) 二言語併用主義（バイリンガリズム） (4) ストラテジー（学習方略） (5) 学習者タイプ
	3. 異文化理解と心理	(1) 社会的技能・技術（スキル） (2) 異文化受容・適応 (3) 日本語教育・学習の情意的側面 (4) 日本語教育と障害者教育

区分		主要項目
4. 言語と教育	1. 言語教育法・実技（実習）	(1) 実践的知識・能力 (2) コースデザイン（教育課程編成）、カリキュラム編成 (3) 教授法 (4) 評価法 (5) 教育実技（実習） (6) 自己点検・授業分析能力 (7) 誤用分析 (8) 教材分析・開発 (9) 教室・言語環境の設定 (10) 目的・対象別日本語教育法
	2. 異文化間教育・コミュニケーション教育	(1) 異文化間教育・多文化教育 (2) 国際・比較教育 (3) 国際理解教育 (4) コミュニケーション教育 (5) 異文化受容訓練 (6) 言語間対照 (7) 学習者の権利
	3. 言語教育と情報	(1) データ処理 (2) メディア／情報技術活用能力（リテラシー） (3) 学習支援・促進者（ファシリテータ）の養成 (4) 教材開発・選択 (5) 知的所有権問題 (6) 教育工学
5. 言語一般	1. 言語の構造一般	(1) 言語の類型 (2) 世界の諸言語 (3) 一般言語学・日本語学・対照言語学 (4) 理論言語学・応用言語学
	2. 日本語の構造	(1) 日本語の構造 (2) 音声・音韻体系 (3) 形態・語彙体系 (4) 文法体系 (5) 意味体系 (6) 語用論的規範 (7) 文字と表記 (8) 日本語史
	3. コミュニケーション能力	(1) 受容・理解能力 (2) 言語運用能力 (3) 社会文化能力 (4) 対人関係能力 (5) 異文化調整能力

【日本語教員養成において必要とされる教育内容】

出典：「日本語教員のための教員養成について」（平成12年3月文化庁・日本語教員の養成に関する調査研究協力者会議報告）

[1] 領域：コミュニケーションを核として、「社会・文化・地域」に関わる領域、「言語と教育」に関わる領域、「言語」に関わる領域の3つの領域からなり、それぞれはさらに下の区分に細やかな関係をはたす。段階的に関わりの程度をとらえ、また、学習者ニーズや教育内容との関連性を保ちつつも各領域それぞれが相互に関連性を持ち位置付ける。[2] 区分：上記3領域の下位の区分として、さらに各々の下の区分として、3～4まである区分として設定し、教育内容の位置付けや、日本語教員養成における必要とされる教育内容の内容等を具体的に開設される各項目等のためのものを含めた位置付けとする。[3] 内容：下の区分を基本に16区分を設け、日本語教員の推奨・言語政策の現状・教員養成の目指すものを設定した上で、日本語教育の多様化、学習者の多様化、世界各地域の日本語教育内容・教材教育内容・世界各地域の日本語教育の実情等を設定した上で、日本語教員の具体的な教育内容について示す日本語教員の教育課題を念頭において記す。[4] キーワード：大学・日本語教員養成実施のためのカリキュラム（人数別）・地域の日本語教育課程に関する実施（人数別）・地域の日本語能力試験・ACTFL/TOEFL/TOEIC・英検・日本語能力試験・ジェトロで作成される日本語版のテスト・大学・日本語教員を実施している機関があり、日本語能力測定の内容を明確に示す。[5] その他・想定される教育課程編成の例（省略）

領域		区分	内容	キーワード
社会・文化・地域に関わる領域	社会・文化・地域	世界と日本	歴史／文化／文明／社会／教育／国際関係／日本学／哲学／国際関係／日本事情／日本語学	世界史／日本史／日本文学／政治・経済／貿易外交／教育制度／人口動態／労働政策／日本の経済／グローバルスタンダード／社会慣習／時事問題
		異文化接触	国際協力／文化交流／留学生政策／移住・難民政策／帰国児童生徒・帰国児童生徒の教育／外国人児童生徒／地域協力／精神保健	国際機関／技術移転／出入国管理／外国人誘致／共生社会／難民条約／子どもの権利条約／国連／少数民族／異文化適応／カウンセリング／ODA／NGO／NPO
		日本語教育の歴史と現状	日本語教育史／言語政策／教員養成／学習者の多様化／日本語教育学習者の推移／学習者の多様化／世界各地域の日本語教育事情／日本各地域の日本語教育事情	第二次世界大戦／国際共通語／日本語教育／外国人就労者／留学生／貧困問題／地域の日本語教育課程（人数別）／地域の日本語教育課程に関する実施状況／共に日本語ジェトロや日本語能力試験のACTFL／TOEFL／TOEIC／英検・日本語能力試験
言語と教育に関わる領域	言語と社会	言語と社会の関係	ことばと文化／社会言語学／社会の中の言語能力／言語接触／言語規範／外国語教育／次世代教育／言語教育／自己啓発／個人主義／集団文化／方言・共通語／言語慣習	世界観／次世代教育／法言語／自己啓発／個人主義／集団生活態度／日本語教育のビジョン／ダイバーシティ／言語継承
		言語使用と社会	言語変種／ジェンダー差／世代差／地域差／待遇・ポライトネス／差別／非言語行動／コミュニケーション・ストラテジー／地域生活関連情報	語用論ルール／ハウトゥー／やりもらい／会話のルール／メタ言語／交流／役割／共感／ボランティア／通訳／翻訳／報告書名・宛名／指標／指標／外国語／訳／依頼・謝罪等／終助詞
	言語と心理	言語理解の過程	言語理解／談話理解力／記憶・推測／予測／視点／言語学習	記憶（エピソード記憶・意味記憶）／スキーマ／トップダウン／ボトムアップ／処理／推論
		言語習得・発達	幼児言語習得過程（第一言語・第二言語）／中間言語／言語喪失／バイリンガリズム／学習者タイプ／学習ストラテジー	第二言語習得仮説／相互依存仮説／誕生的学習障害（LD）／臨界期／沈黙期／発話表出／言語発達段階／誤解・言い換え・気恥ずかしさ／感情／約束・誘い
		異文化理解と心理	異文化接触の心理／文化相対主義・自文化中心主義／多文化コミュニティ・文化共有／集団活動／日本語の文化活動／教育の精神衛生	意識付け／コードスイッチング／翻訳／通訳／カルチャーショック／カウンセリング／バイリンガリティ（ethnolinguistic vitality）／共生／コンテキスト／異文化交渉／国際協力
	言語と教育	言語教授法・実習	実践的知識／自己修正能力／カリキュラム／コース・デザイン／教室活動／評価法／教材選択／学習者情報	教室研究／クラスルーム・リサーチ／アクション・リサーチ／母語保持／エンカウンタ・加算・減算的バイリンガリズム／ディスコースマネジメント／多言語・多文化／マス／ティーチャーズ・ディベロップメント／コミュニケーション重視／体験学習／クリティカル・インシデント／カルチャー・アシミレーター／判断停止（エポケー）
		異文化間教育・コミュニケーション教育	異文化理解教育／多文化教育／国際・比較教育／国際理解能力／母語保持／コミュニケーション訓練／開発教育／異文化対応能力／差異	異文化理解／言語情報メディア／コンテンツ・ネットワーキング／高度人材／相対視点／表意文字／表音文字／発信能力／リテラシー
		言語教育と情報	教材開発／教材選択／教育工学／情報処理／学習者の情報処理／メディア・リテラシー／情報リテラシー／マルチメディア	教具／教材／メディア／コンピュータ・ネットワーキング／知的所有権／寄付／CAI／CALL／CMI／衛星放送
言語に関わる領域	言語	言語の構造一般	一般言語学／世界の言語の類型／言語の類型／音韻論類型／音体系／形態／語・語彙体系／文法	音声学／音韻論／形態論／統語論／意味論／語用論／比較言語学／方言学／歴史言語学
		日本語の構造	日本語の体系／日本語の音声／日本語の構造／日本語の意味／日本語の意味／語彙体系／表記体系／音素体系／文型文法	北海道方言・琉球諸語・本土方言／アクセント／音素／音声／音韻論／形態素／品詞分類／形容詞／動詞／名詞／助詞／統語論／歴史言語学
		言語研究	理論言語学／応用言語学／情報言語学／心理言語学／知識言語学／言語地理学／対照言語学	調査・分析方法／リサーチ・ツール・方法／言語論／品詞理論／言語情報／学会
	コミュニケーション	コミュニケーション能力	受容・理解能力／表出能力／日本語運用能力／談話構成能力／議論能力／社会文化能力／対人関係能力	4技能／音韻処理／管理／聞き手情報／発話行為／ポライトネス／意味交渉／注視／視点変更／対人関係構築／判断停止（ユーザー）／日本語能力／外国語能力

過去問題にみる出題の傾向

（筆記試験）

　筆記試験では、音声学関連の大問が、毎年必ず1問は出題される。そのほかに、表記、語彙、歴史、方言、言語学などの、音声学以外の領域と関係させた問題も、数多く出題される。音声学の基礎を理解した上で、それを諸分野と関連させて考える、総合的な能力が要求されているわけである。

　以下に、関係する過去問題を挙げる。「平成9年度」を「H9」、「筆記試験Ⅰ問題1」を「Ⅰ-1」のように表す。「→」は関連領域。なお、p.18以後の本文では、課ごとのタイトルの下に「関連」として、過去に出題された問題の番号を記しておくので、以下をインデックス代わりに活用してほしい。

H9	Ⅰ-1　連濁と子音添加（→語彙）
	Ⅰ-3　撥音・促音・長音について（→表記）
	Ⅰ-11　上代特殊仮名遣い、ハ行転呼、ア・ヤ・ワ行の音価、ハ行の音価、四つ仮名の混同、外来語音（→日本語史）
	Ⅰ-12　「有標」「無標」「中和」と「有声」「無声」（→言語学）
	Ⅰ-13　諸方言の音韻・アクセントの特徴（→社会言語学）
	Ⅱ-5　文型とイントネーション（→実習）

H8	Ⅰ-1　二字熟語の連声（→語彙）
	Ⅰ-2　アクセントの規則・表記
	Ⅰ-10　形態素の交替形が現れる環境（→言語学）

H7	Ⅰ-1　音声的対立の違い（→表記）
	Ⅰ-3　語種・語構成とガ行子音（→語彙）
	Ⅰ-4　音声と音素（→言語学）
	Ⅰ-7　オ段長音発生の過程（→日本語史）
	Ⅱ-6　仮名導入時の聴解テープ作成上の注意（→教材）

14 過去問題にみる出題の傾向

H6
- Ⅰ-2 母音の無声化
- Ⅰ-11 諸方言の母音（→社会言語学）
- Ⅰ-14 漢字音の促音化（→語彙）
- Ⅱ-5 数詞・数字の読み方指導時の注意（→実習）

H5
- Ⅰ-1 ナ行子音の調音
- Ⅰ-3 連濁（→語彙・日本語史）
- Ⅰ-9 東北方言・近畿方言の特徴（→社会言語学）
- Ⅰ-10 文字と発音の不一致（→表記）
- Ⅰ-13 中国語・朝鮮語の特徴（→対照言語学）

H4
- Ⅰ-2 五十音図（→表記・日本語史）
- Ⅰ-13 唇音退化（→日本語史）
- Ⅰ-14 音便（→日本語史）
- Ⅱ-8 音声言語の制約（→教材）
- Ⅱ-11 語形のゆれ（→表記・語彙）

H3
- Ⅰ-1 話し言葉の語形
- Ⅰ-3 アクセントの体系
- Ⅰ-6 東西方言の特徴（→社会言語学）
- Ⅰ-10 あいまい文のポーズ（→文法）
- Ⅰ-11 ハ行転呼（→日本語史・言語学）
- Ⅰ-12 ローマ字表記法と音韻論（→表記、言語学）
- Ⅰ-16 無声音・有声音と清濁（→日本語史・対照言語学）

～H2
- H1 グリムの法則とハ行転呼（→言語学）
- S63 諸外国語の特徴（→言語学）
- S63 文を書き取らせる際のポーズの入れ方（→文法）
- S63 「ン」の発音練習に適当な語（→実習）

　一部の方言話者に有利になるような、「この語の正しいアクセントはどれか」などという問題が出題されたことはないが、平成9年度筆記試験Ⅱの問題5では、発音練習教材用の文のイントネーションがどう違うか、という問題が出さ

れた。イントネーションの型について、この表現にはこのイントネーション、という知識も、一応は身に付けておかなければならないようである。

　アクセントの問題は、平成8年度と平成3年度で出題されているが、これは、規範となるアクセント型に対する知識がなくとも、与えられたデータを分析して、言語に内在する規則性を見いだせれば、解答できる問題であった。平成9年度の「撥音・促音・長音」、平成6年度の「母音の無声化」、平成6年度の「漢字音の促音化」、平成5年度の「連濁」なども、すべて、「挙げられた語群の範囲で最も妥当な記述を選ぶ」問題である。つまり、単なる知識の詰め込みではなく、より広く深い視野から音声に関連する諸現象を分析できる、論理的思考力が要求されているわけである。これは、音声に限らず、文法、語彙関連の問題など、近年の出題傾向全般についていえることである。

　いきなり「論理的思考力を身に付けろ」などといわれても、一朝一夕に身に付くものではない。音声に限らず、日常生活で日本語や言語に関する疑問が生じたら、まずデータを多く集めていろいろと自分なりに分析し、自ら考える力を高める努力をするようにしよう。

聴解試験

　筆記試験に比べると、聴解試験は、傾向が把握しやすい。現在、筆者の手元にある最新の問題は、平成10年1月末に実施された試験問題であるが、選択肢などの小規模な変更点を除けば、平成5年度の試験から、出題内容・出題形式に大きな変化はない。

　しかし、出題形式は独特なので、単なる音声学の勉強だけではなく、試験対策用の勉強をして、解答方法に慣れておく必要がある。

問題1　プロソディー全般

　男「みんな…いいのか？」：女「みんないいのか。」などの文を聞き、アクセント・イントネーション・ポーズ・速さの違いを、1問につき2点ずつ指摘する問題。平成7年度〜9年度は、上記の4択であるが、平成6年度以前は、選択肢にプロミネンスも用いられ、5択となっていた。

　違う人が文を読むので、微妙な違いにこだわらず、優先順位で答えを選ぶようにするのがポイント。また、違いの一方にだけ気を取られると、もう一つがわからなくなるので、注意力が要求される問題である。

問題2　アクセント

　女「あれは、タホイヤです。」：男「なるほど、タホイヤですか。」のような会話を聞き、そこに含まれる耳慣れない語句を、どんなアクセント形式で言ったか、拍単位の高低2段で表記した選択肢から選ぶ問題。

　学習者がアクセントを間違えたとき、それを正しく聞けるかどうかの能力を測る問題であろう。そのため、毎年必ず、標準アクセントの規則に反する型が出題されている。問題2は、難なくできてしまうという人と、ぜんぜんわからないという人の、差が激しい。

問題3　子音・母音

　男「うらです。」：女「うたです。」のような文を聞き、その違いを、調音点・調音法・声帯振動、およびその組み合わせの選択肢（4択）から指摘する問題。気息の有無・鼻腔の関与・円唇化・舌の高さ・舌の前後の位置・半母音の有無・口蓋化の有無等の選択肢も用いられ、子音だけでなく、母音の違いを問う問題も出される。

　問題3は（1）（2）に分かれ、（1）では、意味が違うもの、（2）では、日本人にとっての[b]と[v]のような、意味が変わらないものも出題される。

　「両唇音」「軟口蓋音」「摩擦音」「弾き音」…のような、調音点・調音法の名称そのものは、平成4年度の問題以来、問われなくなっている。しかし、名称や音声記号等が問われないとはいえ、

　「『ラ』と『タ』は、　調音点、調音法、声帯振動　の何が違いますか」などと聞かれても、とっさには答えられない（正解はp.84に）。従って、知識を整理して、「調音点」「調音法」「声帯振動」「気息の有無」…等の違いが、スッと一覧となって出てくるまで練習を重ねる必要がある。また、「鼻腔の関与」のように、少々特殊な用語が選択肢に用いられる点にも注意。

問題4　子音・母音・プロソディー

　学習者が読み上げた文を聞き、「ユズリマス」を誤って「ユスリマス」と発音したときのその特徴を、口腔断面図や声門の状態図などの選択肢で答える問題。選択肢に、声の高さの変化を表す曲線・母音の舌の高さを表す図・口蓋への舌の接触を示す図・唇の状態図が用いられたこともある。基本的には、選択肢は図であるが、問題1や問題3と似た、文字で書かれた選択肢が用いられたこともある。

問題 5　談話

　日本人同士の会話、日本人と外国人の会話、あるいは何かを説明している外国人の話を聞き、その発話ストラテジー、語句の用法、話題の提出順などを分析する問題。主として、音声以外のことが問われる。語句の用法を答える問題には、文法的な深い知識が必要とされるものもある。

　聴解試験で高得点を取るには、「時間内問題処理能力を高めること」が最も大切である。わからない問題に引っ掛かっているうちに、次の問題が流れ、すっかり上がってしまったという話をよく聞く。つまり、
①テープが流れる前に選択肢を熟読して出題内容を予想し、
②問題が出たら、その場で解答し、
③次の問題が始まったら、わからなかったことはきっぱり忘れる
ことが大切である。

第1章 基礎を固めよう

・第1課・ 五十音図とその拡大表

(関連：H9筆記Ⅰ-11、H5筆記Ⅰ-10、H4筆記Ⅰ-2)

この課のねらい

・五十音図と音韻体系とは性質が異なることを理解する。
・「行」「段」「清濁」「拗音(ようおん)」「撥音(はつおん)」「促音」等を正しく覚える。

五十音順　辞書、名簿、電話番号帳などの見出しの並び順に利用され、私たちが日常お世話になっているのが、アイウエオカキクケコ…という**五十音順**であるが、そのもととなるのが**五十音図**である。表1・2の縦の5字の組を**行**と呼び、横の10字の組を**段(列)**という。同じ**行**の字は子音が、同じ**段**の字は母音が共通し、非常に体系的にできているため、仮名の書き方と基本的な発音を導入する際、よく用いられる。

段と活用　国語の時間に習う学校文法では、「切らない・切ります・切る・切るとき・切れば・切れ・切ろう」のように、同じラ行のアイウエオ段に活用する「切る」を**五段活用**と呼び、「にない・にます・にる・にるとき・にれば・にろ・によう」のようにイ段に活用する「煮る」を**上一段活用**というが、この呼び名も、段の概念がもとになっている。

「五十」とは　日本語学校や小学校の壁にはってある五十音図には、ヤ行やワ行の一部を抜いたり寄せたりしたものがあるが、古典で用いられる**歴史的仮名遣い**(旧仮名遣い)で本来の「五十」をすべて埋めて示すと、表1・2のようになる。

ワ行の仮名　ワ行の「ヰエヲ」は、かつては「イエオ」と音の区別があったが、平安ごろから乱れ始め、現在では**同音**となってい

ワ	ラ	ヤ	マ	ハ	ナ	タ	サ	カ	ア
ヰ	リ	イ	ミ	ヒ	ニ	チ	シ	キ	イ
ウ	ル	ユ	ム	フ	ヌ	ツ	ス	ク	ウ
ヱ	レ	エ	メ	ヘ	ネ	テ	セ	ケ	エ
ヲ	ロ	ヨ	モ	ホ	ノ	ト	ソ	コ	オ

表1　片仮名五十音図

わ	ら	や	ま	は	な	た	さ	か	あ
ゐ	り	い	み	ひ	に	ち	し	き	い
う	る	ゆ	む	ふ	ぬ	つ	す	く	う
ゑ	れ	え	め	へ	ね	て	せ	け	え
を	ろ	よ	も	ほ	の	と	そ	こ	お

表2　平仮名五十音図

る。**現代かなづかい**以降、「ヲ(を)」は助詞用の仮名として残されたが、「ヰ(ゐ)」「ヱ(ゑ)」は用いられていない。

三種の重複

| アイウエオ | ヤイユエヨ | ワヰウヱヲ |

しかし、「イ」「ウ」「エ」の三種は、歴史的仮名遣いの五十音図でもア・ヤ・ワ行に重複して現れるので、結局、「いろは四十七字」と同じ数しかないということになる。

拡大五十音図

五十音図は、仮名文字の基礎を成す一覧表というべきものであり、音の種類を表す「音韻体系表」と同義ではない。日本語の音にはこのほかに、濁点(濁音符)「゛」の付いた**濁音**、半濁点（半濁音符)「゜」の付いた**半濁音**があり、さらに、イ段の仮名にヤ行の小字を添えた**拗音**がある。つまり、五十音図に収められているのは、**清音**の**直音**だけである(「清音」とは、狭義には、濁音に対するカサタハ行、広義には濁点・半濁点の付かない仮名)。これらを加え、「ヰ」「ヱ」を除いた表3のような五十音図は「**拡大五十音図**」とも呼ばれる(後述する「ン」を加えたものも多い)。

「オ」と「ヲ」

表3のうち、「ヲ(を)」は助詞専用の仮名で、発音は「オ」と全く同じである。「本を」「水を」と言うとき、「ウォ」のように感じられるのは、直前の音の影響である。

「ヂ」「ヅ」類

「ヂ・ヅ・チャ・チュ・チョ」も、**同音の連呼**の「ちぢむ」「つづみ」「つづける」等か、**連濁**、つまり**二語の連合**でチツ

	半濁音	濁音	清音								
直音	パ ピ プ ペ ポ	バダザガ ビヂジギ ブヅズグ ベデゼゲ ボドゾゴ	ワ リ ル レ ヲ	ラ 　 ユ 　 ロ	ヤ ミ ム メ モ	マ ヒ フ ヘ ホ	ハ ニ ヌ ネ ノ	ナ チ ツ テ ト	タ シ ス セ ソ	サ キ ク ケ コ	カ イ ウ エ オ	ア
拗音	ピャ ピュ ピョ	ビヂジギ ャャャャ ビヂジギ ュュュュ ビヂジギ ョョョョ	リ ャ リ ュ リ ョ		ミヒニチシキ ャャャャャャ ミヒニチシキ ュュュュュュ ミヒニチシキ ョョョョョョ							

表3　拡大五十音図（片仮名）

音の種類	が濁音になった、「鼻+血→はなぢ」「気+つく→気づく」等に用いられるだけで、発音は「ジ・ズ・ジャ・ジュ・ジョ」と同じである。 　従って、「オ／ヲ」「ジ／ヂ」「ズ／ヅ」「ジャ／ヂャ」「ジュ／ヂュ」「ジョ／ヂョ」のそれぞれを1種類と見なして6を除くと、日本語の音の種類は、ちょうど**100**となる。
特殊拍	しかし、この拡大五十音図でも、まだ欠落がある。教育用の五十音図には、しばしば**撥音**（はね音、はねる音）「ン」が加えられるが、このほか、**促音**（つめ音、つまる音）「ッ」、**長音**（ひき音、ひく音、長母音）「ー」等もある。これらを**特殊拍**（モーラ音素、特殊モーラ、特殊音等）という（→第1章第2課、第4章第2課）。
外来語音	また、「ティ」「チェ」「シェ」「ファ」…などの外来語音やその他の音も日本語に含めるとすると、全体で120～140ほどを数えることもある。それらを加え、音声学的観点から配列を変えた「超拡大五十音図」を以下に示す。

有声音								無声音							
ア	イ	ウ	エ	オ	ヤ	ユ <u>イェ</u>	ヨ	ハ		ヘ	ホ	ヒャ	ヒュ	<u>ヒェ</u>	ヒョ
ガ	ギ	グ	ゲ	ゴ	ギャ	ギ	ギョ	カ		ク	ケ	コ	キャ	キ	キュ	キョ
ザ	<u>ズィ</u>	ズ	ゼ	ゾ	ジャ	ジ	ジュ <u>ジェ</u> ジョ	サ	<u>スィ</u>	ス	セ	ソ	シャ	シュ	<u>シェ</u>	ショ
								<u>ツァ</u>	<u>ツィ</u>	ツ	<u>ツェ</u>	<u>ツォ</u>	チャ	チ	チュ	<u>チェ</u>	チョ
ダ	<u>ディ</u>	<u>ドゥ</u>	デ	ド		<u>デュ</u>		タ	<u>ティ</u>	<u>トゥ</u>	テ	ト		<u>テュ</u>	
ナ		ヌ	ネ	ノ	ニャ	ニュ	<u>ニェ</u>	ニョ								
ラ		ル	レ	ロ	リャ	リ	リュ	リョ								
バ		ブ	ベ	ボ	ビャ	ビ	ビュ	ビョ	パ		プ	ペ	ポ	ピャ	ピュ	ピョ
マ		ム	メ	モ	ミャ	ミ	ミュ	ミョ								
ワ	<u>ウィ</u>		<u>ウェ</u>	<u>ウォ</u>				<u>ファ</u>	<u>フィ</u>	フ	<u>フェ</u>	<u>フォ</u>		<u>フュ</u>	
ン　ッ　ー　（特殊拍）															

表4　超拡大五十音図（外来語音を下線で示す）

・「有声音」「無声音」については→第1章第3課。
・ラ行などの、行の並び順が変わっている理由は→第2章第2課。
・ア行とハ行、バ行とパ行が対になっている理由は→第2章第3課。
・ザ行が、サ行とツァ行の2行と対応している理由は→第2章第4課。
・直音イ段の仮名が拗音に位置付けられている理由は→第3章第1課。

基本問題

問題1 次の仮名はそれぞれ何と呼ばれるか。適当なものを一つずつ選べ。

① ギ　　a.半濁音　b.撥音　　c.濁音　　d.拗音
② ツ　　a.拗音　　b.濁音　　c.促音　　d.直音
③ ピャ　a.濁音　　b.つめ音　c.清音　　d.拗音
④ モ　　a.長音　　b.直音　　c.濁音　　d.拗音
⑤ チュ　a.清音　　b.はね音　c.半濁音　d.直音

問題2 次の仮名はそれぞれ何と呼ばれるか。適当なものを一つずつ選べ。

①ひょ(　)　②タ(　)　③っ(　)　④ポ(　)
⑤び(　)　⑥ん(　)　⑦ぢゃ(　)　⑧ぴょ(　)

a. 清音の直音　b. 撥音　　c. 半濁音の直音　d. 濁音の拗音
e. 濁音の直音　f. 促音　　g. 半濁音の拗音　h. 清音の拗音

問題3 歴史的仮名遣いにおけるア行・ヤ行・ワ行を、平仮名・片仮名で記せ。

	ア行	ヤ行	ワ行
平仮名			
片仮名			

解答　問題1　①c　②d　③d　④b　⑤a
　　　　 問題2　①h　②a　③f　④c　⑤e　⑥b　⑦d　⑧g
　　　　 問題3　平仮名…あいうえお、やいゆえよ、わゐうゑを
　　　　　　　　片仮名…アイウエオ、ヤイユエヨ、ワヰウヱヲ

解説　問題2　促音と撥音の名称を逆に覚えないように注意。「瓜(うり)にツメあり、爪(つめ)にツメなし」ではないが、「はつおん」が「っ」じゃないほう、と逆に覚えておくとよい。受験式ごろ合わせで「パンツ音・ソックス音」と覚えてもいいかもしれない(!?)。

応用問題

問題1 「ぢ」「づ」の表記に関して、「現代仮名遣い」の「本則」に従った場合、正しいとは考えられないものはどれか。すべて選べ。
a.「つづける」　b.「つづらおり」　c.「ひとつづつ」　d.「こづつみ」
e.「いちぢるしい」　f.「ちぢむ」　g.「ちかぢか」　h.「ちぢれる」

問題2 次の文を読み、問いに答えよ。
　日本語の直音・拗音の対応を観察すると、体系の不均衡に気づく。直音には、清音・濁音・半濁音で［ ① ］の行があり、拗音は、清音・濁音・半濁音で［ ② ］の行がある。これを、直音・拗音の対応という観点でまとめると、例えばカキクケコには、キャキュキョ、［ ③ ］には、ピャピュピョ、タチツテトには［ ④ ］がそれぞれ対応するが、ア行・ヤ行・ワ行は直音だけで、対応する拗音がない。
　だが、ここで、他の拗音と同じくイ段とエ段を欠く［ ⑤ ］を［ ⑥ ］と対応させると、他の行の拗音・直音の関係と並行的にとらえることが可能になる。つまり［ ⑤ ］は［ ⑥ ］の拗音とでもいうべき性質を有するわけである。そこで、他の行にあわせて、［ ⑤ ］や［ ⑥ ］の前に[問3]「ゼロの子音」が存在すると解釈すれば、特殊拍以外の日本語の音は、子音（＋半母音）＋母音という1種類の構造にまとめられることになる。

問1 ［ ① ］［ ② ］に入れるのに適当な数字を、次の選択肢a～fの中から一つずつ選べ。
　　a. 15　b. 14　c. 13　d. 12　e. 10　f. 7

　　①___　②___

問2 ［ ③ ］～［ ⑥ ］に入れるのに適当なものを、次の選択肢a～hの中から一つずつ選べ。
　　a. アイウエオ　b. タチツテト　c. バビブベボ　d. パピプペポ
　　e. チャチュチョ　f. ヒャヒュヒョ　g. ヤユヨ　h. ビャビュビョ

　　③___　④___　⑤___　⑥___

問3　下線部の考え方に従い、「ゼロの子音」に/'/を用いた場合、「ア」「ヨ」「イ」はそれぞれどのように表記されるか。ただし、「シ」「シャ」は、/si/ /sja/ のように表記されるものとする。

「ア」___　「ヨ」___　「イ」___

☺解き方のヒント☺

[⑥][⑥]および他の行を、内閣訓令式ローマ字でつづってみれば、対応がはっきりわかる。

解答
問題1　　cとe
問題2　　問1　①a　②d　問2　③d　④e　⑤g　⑥a
　　　　問3　「ア」=/'a/、「ヨ」=/'jo/、「イ」=/'i/

解説
問題1　　簡単にいうと、次のようになる。基本的には、旧仮名遣いのヂヅ類は、現代仮名遣いではジズ類となるが、a.「つづける」、b.「つづらおり」、f.「ちぢむ」、h.「ちぢれる」などの同音の連呼と、d.「こ＋づつみ」、g.「ちか＋ぢか」などの二語の連合は、ヂヅ類を用いる。ただし、「いなずま」「うなずく」「きずな」などは、現代語で二語に分析できないため、ジズ類を用いる。e.「いちぢるしい(×)」は、旧仮名遣いでも「じ」なので「いちじるしい」が正しい。c.「ひとつづつ(×)」は、「ひとつ」で切れるので、同音の連呼ではない。また、「つつ」だけでは用いられず、二語の連合とは見なされないので、「ひとつずつ」が正しい。

「現代仮名遣い」は昭和61年の内閣告示である。「いなずま」等に関して、なお書きには、「『ぢ』『づ』を用いて書くこともできる」とあるが、日本語教師としては、「本則」がどちらであるか、知っておく必要があるであろう。

問題2　　この考え方に従うと、ア行・ヤ行とハ行・ヒャ行とが、以下のように均整的体系をなすことになる（jは半母音を表す）。
/'a//'i//'u//'e//'o//'ja//'ju//'jo/（アイウエオ　ヤ　ユ　ヨ）
/ha//hi//hu//he//ho//hja//hju//hjo/（ハヒフヘホ　ヒャ　ヒュ　ヒョ）

・第2課・ 話し言葉の語形

この課のねらい （関連：H9聴解5、H9筆記I-3、H6筆記I-14、H4筆記II-11、H3筆記I-1）

・日本語の音連続の単位「拍」「モーラ」について知る。
・話し言葉の、文字と発音が一致しないさまざまな例を知る。

拍・モーラ

「ちょっと待て よく考えて もう一度」という標語は、指折り数えて短く切ると、「チョ・ッ・ト・マ・テ・ヨ・ク・カ・ン・ガ・エ・テ・モ・ー・イ・チ・ド」となる。これにより、五・七・五というリズム、つまり定型かどうかが決まるわけだが、このような音のカタマリを「**拍**」「**モーラ**」という。「拍」と「モーラ」は、厳密には定義が異なるが、ここでは同義と見なし、以下、「拍」で代表させる。

等時性

拍の特徴は、上述のように、おのおのが**等時間**になることにある。等時間といっても、各拍は、機械で測ると必ずしも同じ長さにはならない。だが、日本語話者には等しく感じられるので、**音韻論的に**等時間だという。拍を正しく聞き取ったり発音したりする能力を**拍感覚**といい、この感覚がない学習者の発音では、特に特殊拍のリズムがおかしくなる。

文字と拍

定型外の句を「字余り」「字足らず」という例があるように、拍は文字と一致することが多く、大まかにいって、仮名1文字は1拍を表す。特殊拍もそれだけで1拍分である。ただし、「ッ」と同じ小字でも、拗音の「ジャ」「キャ」「ギャ」や外来語音の「シェ」「ティ」「フォ」などは、2文字で1拍であり、**拍と文字とは必ずしも一致しない**。

音節

通常、英語などの諸言語の音のカタマリについていうときは、時間を単位とする拍ではなく、「**音節**」という概念を用いる。音節の場合、日本語の特殊拍は音節の後部となるなど、拍単位とは数え方が異なることがある（→第4章第2課）。

拍の構造

拍はリズム上の最小単位であるが、音としては、特殊拍以外はさらに細かく、子音・母音に分かれる。音のカタマリの

中心となるのは母音であり、日本語の場合には、その前に半母音や子音がくっつく構造となる。

   母音拍 （V） …ア行
   半母音＋母音拍 （SV） …ヤ・ワ行
子音 ＋ 母音拍（C V） …ア・ヤ・ワ行を除く直音
子音＋半母音＋母音拍（CSV） …拗音
   特殊拍（N，Q，R）…「ン」「ッ」「ー」

　拍の構造は上記の5タイプである。特殊拍以外の拍を**自立拍**ともいうが、つまり特殊拍とは、**リズム上の単位としては自立拍と同等の性質をもちながら、音節構造としては自立しない拍**である。特殊拍は語頭には立たず、「ー」は前の母音、「ン」「ッ」は後の音により、実際の音が決まる。

連濁と転音　　自然な話し言葉では、さまざまな音変化が生じる。同じ音変化でも、「あみ＋と→あみど」、「ごみ＋はこ→ごみばこ」のように複合語後部の清音が濁音になる**連濁**や、「あめ＋あし→あまあし」、「ふね＋うた→ふなうた」のように複合語前部の母音が交替する**転音**などは、語形が異なるため意識化されやすいが、話し言葉の音変化は、仮名で書けないものも多く、気づかれにくい。以下、いくつか例を見てみよう。

母音の無声化　　「きかい」「がくせい」「いつか」「しゅくじつ」「ふっくら」の下線部の母音がササヤキ声のようになる現象を、**母音の無声化**という。カサタハパ行、つまり濁音と対立する清音および半濁音に関係する現象で、イ段の「キシチヒピ」、ウ段の「クスツフプ」「シュ」が、カサタハパ行の前や「ッ」の前にあるとき、母音が無声化する傾向が強い(p.103参照)。

同化　　連濁は、[i]＋[to]→[ido]のように、母音に挟まれて子音が「濁る」現象だが、母音の無声化は、[ki]＋[k]→[ki̥k]([i̥]は無声化した母音)で母音が「清む」現象である。このように、ある音が前後の影響で変化する現象を、**同化**という。

促音化　　無声化がさらに進むと、「せんたっき(洗濯機)」「たいしょっきん(退職金)」のような**促音化**が生じることもある。「さんかっけい」「りょかっき」等は、「さんかくけい」「りょかくき」との間で語形がゆれている状態ともいえる。

語頭音の脱落	無声化は、「いきます」「うしろ」など、語頭でも生じることがあるが、母音拍に限らず、「(ほん)とに」「(まっ)たく」「(こんに)ちは」などと同等にとらえれば、**脱落**現象の一種ともいえる。「いだく→だく」「いばら→ばら」など、歴史的な音韻変化で語形が固定したものもある。
長音の短音化	長音は、「がっこう→がっこ」「そういうこと→そゆこと」のように**短音化**しやすい。中には、「かっこいい」「めんどくさい」のように、語形が安定している語も多い。長音でなくても、同母音が連続すると、「あぶらあげ→あぶらげ」となる例があるが、話し言葉でも、「〜だとおもった→〜だともった」のような**同音省略**が生じる。
脱落、融合	異なる母音が連続すると、「呼んでいる→呼んでる」、「見てあげる→見たげる」、「やっておく→やっとく」、「このあいだ→こないだ」のように、**音の脱落**や**融合**が生じる。さらに複雑なものに、「しなければ→しなけりゃ・しなきゃ」、「言っては→言っちゃ」、「書いてしまう→書いちまう・書いちゃう」、「○○という→○○(っ)ちゅう・○○(っ)つう」などの、子音の変化を伴う音変化もある（実際には「という」と「ちゅう」の間には、テューとでも表記できる中間段階が存在する）。
縮約形	短音化、脱落、融合などの変化は、通常、もとの語形よりも拍数が減る変化なので、まとめて**縮約形**という。
撥音化（はつおん）	「やらない→やんない」、「やりなさい→やんなさい」、「やるな→やんな」等の**ラ行の撥音化**、「あのとき→あんとき」、「もの→もん」、「〜のだ→〜んだ」等の**「の」の撥音化**も、拍数は減らないが、縮約形に含めることがある。
拗音の直音化	「シュ」「ジュ」は、「しゅじゅつ→しじつ」、「ぎじゅつ→ぎじつ」のように**直音化**しやすい。「ジュ」は母音間で「シューッ」のように**子音が脱落**することもある。（→p.77）
「十本」の読み	ただし、唯一、「十」の漢字音の読み方だけは、「じゅう」という読みからの類推か、「じっぽん」→「じゅっぽん」のように、直音から拗音へという逆の変化が生じている。

基本問題

問題1 次の記述が正しければ○、誤っていれば×を記せ。

(1) 「バッター」と「キャッチャー」の拍数は同じである。（　）
(2) 1拍は常に1文字で書き表される。（　）
(3) 拍の長さを機械で測定すると、時間はすべて同じになる。（　）
(4) 漢語の中には、3文字で1拍となる拍も存在する。（　）
(5) 促音は決まった音を持たず、前の音によって実際の音が決まる。（　）
(6) 「十本」は伝統的な発音では「じゅっぽん」だったが、拗音の直音化が生じつつある。（　）

問題2 次の縮約形を含む(1)〜(6)の、もとの形を答えよ。また、そのもとの形は何拍で、縮約形では何拍へと変化しているか。答えよ。

(1) 「そこに置いときゃいいよ」（　　拍）
　　_____（　　拍）

(2) 「わかんなくなっちまった」（　　拍）
　　_____（　　拍）

(3) 「ほんとにやったげなきゃ」（　　拍）
　　_____（　　拍）

(4) 「取っといてあんだ」（　　拍）
　　_____（　　拍）

(5) 「そりゃもう喜んでました」（　　拍）
　　_____（　　拍）

(6) 「ざけんじゃねえ」（　　拍）
　　_____（　　拍）

問題3 【CDのTrack 1を聞いてください】

男性が読み上げる単語に、母音が無声化している拍が含まれていたら○を、含まれていなければ×を空欄に書け。

(1)____　(2)____　(3)____　(4)____　(5)____　(6)____

解答 問題1 (1)○ (2)× (3)× (4)× (5)× (6)×

問題2 (1)「そこにおいときゃいいよ」(10拍)
　　　　　　　　そこにおいておけばいいよ　　(12拍)
(2)「わかんなくなっちまった」(11拍)
　　　　　　　　わからなくなってしまった　　(12拍)
(3)「ほんとにやったげなきゃ」(10拍)
　　　　　　　　ほんとうにやってあげなければ　(14拍)
(4)「とっといてあんだ」(8拍)
　　　　　　　　とっておいてあるのだ　　(10拍)
(5)「そりゃもうよろこんでました」(12拍)
　　　　　　　　それはもうよろこんでいました　(14拍)
(6)「ざけんじゃねえ」(6拍)
　　　　　　　　ふざけるのではない　　(9拍)

問題3 (1)× (2)○ (3)○ (4)○ (5)○ (6)×

解説 問題1 (1)「バッター」と「キャッチャー」はどちらも4拍だから、(○)
(2)拗音や外来語音には2文字で1拍となるものがあるから、(×)
(3)音韻論的には等時だが、機械で測定すると長さは異なるから、(×)
(4)漢語の中には、3文字で1拍となる拍はないから、(×)
(5)撥音・促音は、後ろの音によって実際の音が決まるから、(×)
(6)逆。「じっぽん」が「じゅっぽん」になりつつあるから、(×)

問題2 　縮約形には、「～てる」「～んだ」のように、かなりよく用いられ、むしろ縮約形のほうが自然なものも多く存在するし、教養番組などのフォーマルな場面でも多く使用されているという報告がある。

問題3 　CDで読まれた語の母音は、それぞれ以下のように下線部が無声化している。 (1)「き<u>き</u>とり」 (2)「<u>き</u>きとり」 (3)「き<u>き</u>とり」 (4)「き<u>き</u>とり」 (5)「き<u>き</u>とり」 (6)「き<u>き</u>とり」

───── **応用問題** ─────

問題1 次の(1)～(6)について、音変化の観点から、ほかと最も性質が異なるものを、それぞれのa～dの中から一つずつ選べ。

(1)　a．雨垂れ　　b．雨漏り　　c．雨ハ　　d．雨雲
(2)　a．13分　　b．13敗　　c．13泊　　d．13頁

(3) a．春雨　　　b．霧雨　　　c．長雨　　　d．小雨
(4) a．真っ黒　　b．真っ茶色　c．真っ黄色　d．真っ青
(5) a．海原　　　b．船乗り　　c．酒盛り　　d．風上
(6) a．それぐらいじゃ死にゃしない　　b．立ちゃいいんだろ、立ちゃ
　　c．もうちょっと売れりゃなあ　　　d．犬が西向きゃ尾は東

問題2　【CDのTrack 2を聞いてください（何度聞いても構いません）】
　　　女性の話に見られる音変化をすべて抜き出し、そのもとの語形を書け。

縮約形	もとの語形

解答　問題1　(1) b　(2) d　(3) c　(4) d　(5) a　(6) a
　　　問題2　
縮約形	もとの語形
「こないだ」	「このあいだ」
「やんない」	「やらない」
「じゃ」	「では」
「暮らしてて」	「暮らしていて」
「渡しといて」	「渡しておいて」

解説　問題1 (1) b．「あまもり」だけ連濁しない。ほかは、a．「あまだれ」、c．「あまど」、d．「あまぐも」。なお、aからdまですべて「あめ」→「あま」の転音が生じている。転音は、現代語ではe→aの例が多い。

(2) d．「13ページ」だけはもともと「ペ」。a．「13ぷん」、b．「13ぱい」、c．「13ぱく」は、ハ行がパ行に変化したもの。ちなみに、「3本」「3杯」「3匹」などは、バ行になる。ハ行が関係する助数詞が「3〜」「4〜」のそれぞれでどんな音変化を生じるか、いろいろ調べてみよう。

(3) c．「ながあめ」だけsの添加がない。ほかは、a．「はるさめ」、b．「きりさめ」、d．「こさめ」。

(4) d.「まっさお」だけsの添加がある。ほかは、a.「まっくろ」、b.「まっちゃいろ」、c.「まっきいろ」。
　　母音の連続する個所に子音が添加される現象は、多くの言語に見られるが、「春雨」「真っ青」の子音添加は体系的に行われるものではなく、「小雨」「霧雨」「秋雨」「氷雨」などの「雨」関連の語を除くと、ほとんど例がない。なぜ添加子音がsなのかもよくわかっていない。
(5) a.「うなばら」だけ「海(う)+な(連体助詞)」。ほかは、b.「ふなのり←ふね」、c.「さかもり←さけ」、d.「かざかみ←かぜ」という転音。「うなばら←うね」の「うね」は「海」のもとの形ではない。
(6) a.「死にゃ」だけ「死には」。ほかは、b.「立ちゃ」←「立てば」、c.「売れりゃ」←「売れれば」、d.「向きゃ」←「向けば」。

問題2　CDの内容は以下のとおりである。

女：あの、こないだのテストね、ちょっと間違いが多かったですよ。
男：あ、そうですか。
女：うん、特に、漢字がねえ。もうちょっと頑張ってやんないとねえ。
男：はい、わかりました。気をつけます。
女：はい。ええと、じゃ、今日の宿題ですが、東京で暮らしてて、いろいろ感じたことについて、なんでもいいから書いてきてください。
男：はい。あの、明日までですか。
女：ええ。明日、坂本先生に渡しといてください。
男：はい、わかりました。では、失礼します。
女：はい、さようなら。

第3課 母語の干渉、誤用分析

この課のねらい （関連：H3〜9聴解3,4、H3筆記I-16、H5筆記I-13、H7筆記I-4）

・学習者の間違えやすい音について覚えておく。
・音声と音韻に関する基本的な知識を身につける。

日本人英語

英語を習い始めたときのことを思い出してみよう。だれもが最初は、light（光）とright（右）、lie（ウソ）とrye（ライ麦）などの、lとrの区別で苦労したはずだ。これは、英語学習時、日本語話者ならだれでも苦労する音なのである。

誤りの原因

そのような、学習過程で体系的に生じる**誤り（エラー）**を把握するために、学習者の母語と目標言語との**対照分析**や、**誤用分析（誤答分析）**等が行われ、その結果が、教材開発や教授項目決定に利用される。一般に学習者は、学習する言語（目標言語）に母語の癖を持ち込みやすく、その結果、発音の誤りには、母語ごとに異なる傾向が生じる。そのようなマイナスの影響を、**母語の干渉**という。以下、これを、**音声と音韻**というキーワードから説明しよう。

音声と音韻

私たちは、日常、実にさまざまな種類の音（＝音声）を発している。英語の [l] が苦手な人でも、実はラ行の発音時、無意識に [l] に近い音声を出していることがある（→第3章第2課）。しかし、日本語では、「ライ」という語を [l] で発音しようと、[r] で発音しようと、その中核に「同一の言葉だ」と感じられる何か、つまり**音韻**が存在するため、語の意味は変わらない。すなわち音韻とは、さまざまな具体音声を、**意味の区別**という機能から整理したものである。

音素と異音

音声上の最小単位を**単音**と呼び、通常、**国際音声記号**（略称IPA、p.185参照）を、[kana]のように [ ] に入れて表す。音韻上の最小単位を**音素**と呼び、/kana/ のように / / に入れて表す（/カナ/ のように、仮名を用いることもある）。英語では、lieとryeが別語になるので、2音が**対立**

する関係にあると言い、/l/ と /r/ を立てる。日本語では対立しないので、/r/ で代表させる。音声と音韻とは、多対一の関係にあり、1音素に属するさまざまな単音を、**異音**という。英語の /l//r/ の具体音声は、日本語話者にとっては、すべて /r/ の異音にすぎないというわけである。

ミニマルペア　日本語でも、/rai/ と言うべきところを [kai][sai][tai][nai][dai]…と発音したら意味が変わるので、別音素 /k//s//t//n//d/…を立てる必要が生じる。/rai/ と /dai/ 等は、ただ1カ所の違いで対立しているので、**ミニマルペア(最小対)**という。ミニマルペアは、発音・聞き取り練習に使われる。

母語の影響　何と何が対立し、対立しないのかは、言語により異なる。例えば、韓国語や中国語には、/t/(タイ)と /d/(ダイ)、/k/(カイ)と /g/(ガイ)等にあたる区別がないため、日本語学習の際、これらの習得で苦労する。韓国語話者は、「わたし」を /ワダシ/、「言語」を /ケンゴ/ のように発音しがちである。この、一見正しいように見える /ケンゴ/ の /ゴ/ も、日本語におけるラ行の [l] のような偶然の産物で、[k]も[g]も、彼らには、1音素の異音でしかないのである。

無声音・有声音　言語音を発するとき、のど元の**声帯が振動する**ものを**有声音**、しないものを**無声音**といい、日本語の清濁は、この無声音・有声音で対立している。ガザダバ行は有声音、カサタバ行は無声音である。だが、韓国語や中国語では、この声帯振動の有無が、意味の区別に役立たないのである。

無気音・有気音　韓国語、中国語、タイ語などでは、**気息の有無**で語の意味を区別する。子音を発するとき、呼気が大量に出るものを**有気音(帯気音)**といい、呼気がほとんど出ず、気息の音が聞こえないものを**無気音(非帯気音)**という。有気音は[ʰ]で表す。例えば、有気音の [pʰa] は、中国語では「伏せる」、韓国語では「ネギ」の意味になり、無気音の [pa] は、中国語では「八」、韓国語では「バー」の意味になる。

	有気音	無気音
無声音	[pʰa][tʰa][kʰa]	[pa][ta][ka]
有声音		[ba][da][ga]

| 代用される音 | 日本語の清音の気息は、**語頭のほうが語中よりも強くなる**。また、語気が強まるなど、強さが加われば、さらに気息が強くなる。しかし有声音である濁音は、基本的に無気音となる。そのため、学習者は、**無声音を有気音**として、**有声音を無気音**として発音する傾向が強い。

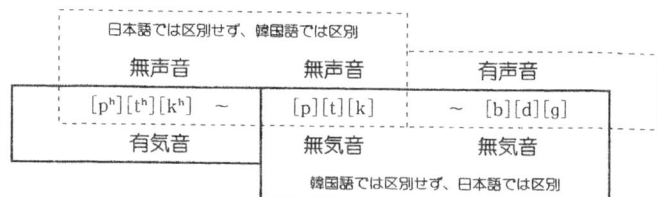

| 誤りの傾向 | 以下、学習者が誤りやすい音の、代表的なものを挙げる。
(1) ガ・ダ・ジャ・バ行等 ←→ カ・タ・チャ・パ行等
　中国語、韓国語話者など。日本語の**清濁**と、**無声音・有声音が一致しない部分**に注意。例えば、中国語話者が「ぼく」「じかん」を間違えても、/ほく//しかん/ には決してならない。/ぽく//ちかん/ になる(→第2章第3課、第2章第4課)。
(2) ハ行→ア行 (子音脱落または有声化)
　フランス語話者。語中では韓国語話者も。ハ行はバ行ではなく、母音のア行に近くなる(→第2章第3課)。
(3) /ザ//ズ//ゼ//ゾ/ → /ジャ//ジュ//ジェ//ジョ/、/ツ/ → /チュ/
　韓国語話者など。ただし /ザ//ズ//ゼ//ゾ/ は、タイ語、ドイツ語話者など、母語によっては /サ//ス//セ//ソ/ になることもある。/ツ/ → /チュ/ は多くの学習者に見られる(→第3章第1課)。
(4) /ツ/ → /ス/　英語、タイ語、韓国語話者など。/ス/ が英語の"three"の th[θ] のようになることもある。
(5) シャ行→サ行　インドネシア語話者など。
(6) シャ行→チャ行　タイ語話者など。
(7) 語頭のマ行→バ行　韓国語話者など。
(8) /ン/ + ア行・ヤ行 → (/ン/+)ナ行・ニャ行
　多くの学習者に見られる。/ン/ が [n] になっていることで生じる誤り。/ン/ が抜けることもある(→第4章第2課)。

第3課　母語の干渉、誤用分析

基本問題

問題1 次の記述が正しければ〇、誤っていれば×を記せ。
(1)「母語の干渉」とは、学習者の母語が、言語習得時にプラスに働くことである。　　　　　　　　　　　　　　　　　　　　　（　）
(2)日本語の清濁は、対立する関係にあるといえる。　　　（　）
(3)一言語の音素と異音とでは、音素のほうが種類が多くなる。（　）
(4)言語音を発するとき、声帯が振動するものを有気音という。（　）
(5)日本語には音韻的にも音声的にも、有気音は存在しない。（　）
(6)韓国語では声帯振動の有無が語の意味の区別に役立たない。（　）

問題2 次の文を学習者に読ませた場合、下線部をどのように誤る可能性が高いと考えられるか。母語の干渉による可能性の範囲で答えよ。

A．中国語(北京方言)話者
　(1)「シラベテミマショウ」　　　　　　　　　　　　（　）
　(2)「ジカンガアリマセン」　　　　　　　　　　　　（　）
B．韓国語(ソウル方言)話者
　(3)「サイゴノヒトガ、ダシテクダサイ」　　　　　　（　）
　(4)「センセイノムスメサンデス」　　　　　　　　　（　）
　(5)「アリガトウゴザイマス」　　　　　　　　　　　（　）
C．タイ語話者
　(6)「ソレ、シッテイマスカ」　　　　　　　　　　　（　）
　(7)「コレモドウゾ」　　　　　　　　　　　　　　　（　）
D．インドネシア語話者
　(8)「ジドウシャヲツクッテイマス」　　　　　　　　（　）
　(9)「センエンデシタ」　　　　　　　　　　　　　　（　）

問題3 【CDのTrack 3を聞いてください】
　男性と女性の発音の、気息の有無が同じなら、空欄に〇を、違うなら×を書け。

(1)____　(2)____　(3)____　(4)____　(5)____　(6)____

☺解き方のヒント☺

有気音のほうは、息漏れの時間の分、母音の出だしが遅れて聞こえる(「パハーツ」のように聞こえる)ところがポイント。

解答　問題1　(1)×　(2)○　(3)×　(4)×　(5)×　(6)○
　　　　　問題2　(1)「シラベテ」　（ペ）　　(2)「ジカンガ」　（チ）
　　　　　　　　 (3)「サイゴノヒト」（イ）　　(4)「ムスメサン」（ブ）
　　　　　　　　 (5)「ゴザイマス」　（ジャ）
　　　　　　　　 (6)「シッテイマスカ」（チ）　(7)「ドウゾ」　（ソ）
　　　　　　　　 (8)「ジドウシャ」　（サ）　　(9)「センエン」　（ネ）
　　　　　問題3　(1)○　(2)×　(3)×　(4)○　(5)○　(6)×

解説　問題1　(1)母語が目標言語に影響することを「転移」といい、それがマイナスの影響の場合は、「負の転移」あるいは「干渉」というから、　　　　　　　　　　　　　　　　　　　　　　　　　　　　(×)
　　　　　　　　(2)意味の区別に役立つ音同士は、対立していると見なすので、
　　　　　　　　　　　　　　　　　　　　　　　　　　　　(○)
　　　　　　　　(3)逆。さまざまな種類の異音の中核に1音素を仮定するのだから、　　　　　　　　　　　　　　　　　　　　　　　　　　　(×)
　　　　　　　　(4)言語音を発するとき、声帯が振動するものは有声音なので、
　　　　　　　　　　　　　　　　　　　　　　　　　　　　(×)
　　　　　　　　(5)音声的には、カ・タ・パ行は語頭で有気音になる傾向があるので、　　　　　　　　　　　　　　　　　　　　　　　　　　(×)
　　　　　　　　(6)韓国語では、声帯振動の有無は意味の区別に役立たないので、
　　　　　　　　　　　　　　　　　　　　　　　　　　　　(○)

　　　　　問題2　学習の過程で体系的に生じる誤りを、第二言語習得研究では「エラー」といい、一時的な不注意などによる誤り「ミステイク」と区別することがある。
　　　　　　　　　学習者の発音の誤りには、パターンがある。例えば、「むずかしい」という語を、一生懸命正しく発音しようと努力して、「むみゅかしい」と誤る学習者などいない。まずは、「ず」とくれば「じゅ」と誤る、と予測できる。聴解試験では、問題4で、外国人学習者の発音の誤りの問題が出されるが、このような知識をあらかじめもっていれば、実際の発音を聞く前に、答えがわかるものも多い。そしてその知識があれば、指導を行う際、発音の誤りを予測し、適切な対策を講じることができる。母語別の典型的誤りを覚えておこう。
　　　　　　　　　ただし、細かく見れば、同じ言語でも方言による差があるし、習

第3課　母語の干渉、誤用分析

得時の個人差の問題も大きい。現場では、「この人は〇〇語話者だから、これができないはずだ」とか、あるいは逆に、「これは問題なくできるはずだ」という決めつけに走りすぎないように。

問題3 CDで読まれた「パーッとやりましょう」の子音の気息の有無は、それぞれ以下のとおりである。
(1)有気・有気　(2)無気・有気　(3)有気・無気
(4)有気・有気　(5)無気・無気　(6)有気・無気

応用問題

問題1 【CDのTrack 4を聞いてください（2度ずつ流れます）】
男性と女性の発音の相違点として、最も適当なものはどれか。次のa、b、cの中から一つ選べ。
a．声帯振動　　　　　（有声音と無声音の違い）
b．気息の有無　　　　（有気音と無気音の違い）
c．声帯振動と気息の有無（無声-有気音と有声-無気音の違い）

(1)____　(2)____　(3)____　(4)____　(5)____　(6)____

問題2 次の文章を読み、問いに答えよ。
　日本語の清濁の区別は、特に中国語、韓国語を母語とする学習者にとっては、習得しにくい項目の一つである。彼らは、しばしば日本語の（　①　）として、（　②　）として発音する傾向がある。実は、中国語や韓国語では、（　③　）が語の意味の区別に役立っており、（　④　）は対立する要素ではないため、同じ音素の異音になってしまうのである。
　彼らが（　④　）を誤って発音した場合、「バビブベボ」は「[A]」ではなく「[B]」になり、「[C]」は「[D]」ではなく「チャチュチェチョ」になる傾向が強い。これは、日本語の清濁の区別と、（　④　）の対立が、全く同じではないことを意味している。

問1 （　①　）～（　④　）に入れるのに適当な語句を、次のa～fの中からそれぞれ一つずつ選べ。

a．無気音を有声音　b．有声音を無気音　c．無声音を有声音
d．無声音を有気音　e．有気音と無声音　f．無声音と有声音

①___　②___　③___　④___

問2　[A]～[D]に入れるのに適当なものを、次の①～⑥の中から一つずつ選べ。
①ハヒフヘホ　　②シャシシュシェショ　　③ヒャヒヒュヒェヒョ
④タチツテト　　⑤ジャジジュジェジョ　　⑥パピプペポ

A___　B___　C___　D___

解答　問題1　(1) c　(2) b　(3) c　(4) a　(5) b　(6) b

問題2　問1（①）dまたはb　（②）bまたはd　（③）e　（④）f
問2　[A] ①　[B] ⑥　[C] ⑤　[D] ②

解説　問題1　CDで読まれた「いたいんです」の子音の声帯震動、気息の有無は、以下のとおり。
(1)無声有気[tʰ]・有声無気[d]　(2)無声無気[t]・無声有気[tʰ]
(3)有声無気[d]・無声有気[tʰ]　(4)有声無気[d]・無声無気[t]
(5)無声無気[t]・無声有気[tʰ]　(6)無声有気[tʰ]・無声無気[t]

問題2　中国語、韓国語等では、[pʰa]と[pa]、[tʰa]と[ta]などの気息の有無で語の意味の区別をしており、有声音・無声音は語の意味の区別に役立たない。日本語では、語頭の無声音の気息は、語頭以外のそれよりも強くなる傾向が強いため、学習者は、無声音を有気音としてとらえがちになる。発音や聞き取りができない背景には、学習者の母語の音韻の問題があるのである。

・第4課・ アクセントの感覚、表記

この課のねらい　　　　　　　　（関連：H3〜9聴解1, 2、H9聴解4）
・日本語のアクセントとは何であるかを理解する。
・日本語のアクセントの簡単な高低が聞き取れるようになる。

アクセント

「はしで　ももを　たべる。」という文には、以下のような複数の意味が考えられる。

$\begin{Bmatrix}箸\\橋\\端\end{Bmatrix}$ で $\begin{Bmatrix}腿\\桃\end{Bmatrix}$ を食べる。

これは平仮名で書くと区別できないが、東京方言、近畿方言など、ほとんどの方言では、少なくとも同一方言話者の間では、どの意味で言われたかがわかる。それは**アクセント**が異なるからである。このように、

・一つひとつの語について
・社会習慣として恣意的に決まっている
・相対的な高さや強さなどの配置

をアクセントという。

語単位

「一つひとつの語について」とは、**アクセントの単位は語**だということである。例えば、東京方言で「雨」と「飴(あめ)」は音の高さで区別でき、それを世間では「イントネーションが違う」ということがあるが、音声学では、それらは一つの語の中での高さの問題なので、「アクセントが違う」といわなければならない。

社会習慣

「社会習慣として恣意的に決まっている」とは、例えば、「雨」が「高低」というアクセントで、「飴」が「低高」となる理由を説明できないように、それぞれのアクセントは、**その方言で、そのように言うことが習慣として決まっている**からにすぎない。そのように、必然的にそうなったわけではなく、理由がないことを、**恣意的**という。

相対的	「相対的な高さや強さの配置」とは、例えば、低い音は150ヘルツ、高い音は200ヘルツとか、低い音はド、高い音はソなどという絶対的な高さではなく、ただ単に、前後の音と比べてこれよりこれが高いとか低いというように、**相対的に高さや強さの配置が決まる**ということである。
強弱アクセント	英語では、**音節の強弱(ストレス)**により、単語の意味を区別することがある。例えば、objectは、obのほうを強く発音すれば、「対象」という意味になり、jectのほうを強く発音すれば、「反対する」という意味になる。英語のほかドイツ語、スペイン語など、強さを用いるアクセントを**強弱アクセント**(強さアクセント、**ストレス**アクセント)という。
高低アクセント	日本語では、強さではなく、**高さ(ピッチ)**によって、単語の意味を区別することがあるので、**高低アクセント**(高さアクセント、ピッチアクセント)という。
確認の方法	同じコップ二つのうち、一方のコップに水を入れる。水が入っているコップと水が入っていないコップをたたいてみる。すると、水が入っているコップのほうが低い音、水が入っていないコップのほうが高い音が出る。2拍語のアクセントを確かめるためには、二つのコップを次のようにたたいて聞いてみるとよい。

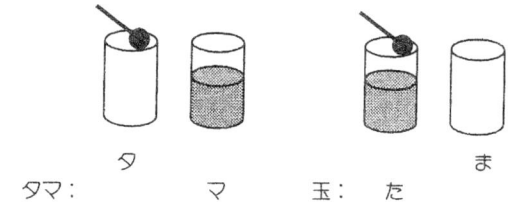

タマ：　　　マ　　　玉：　　　た

弁別機能	以上で述べてきた /はし/ /もも/ /あめ/ そして /かえる/ などは、平仮名で書くと同じであるが、アクセントにより、/もも/は、「腿」-「桃」、/あめ/ は、「雨」-「飴」、/かえる/ は、「帰る・返る」-「飼える」-「蛙・変える」などの意味を区別することができる。このような、単語を区別する働きのことを**弁別機能**という。弁別機能は、アクセントの機能の一つである。

弁別機能の低さ　しかし、アクセントによって単語の区別ができることは、実は非常に少ない。例えば、「川」と「皮」、「誇り」と「埃(ほこり)」、「確立」と「確率」は、いずれも同じアクセントになり、アクセントが単語の区別に役立たない。また、東京方言と近畿方言ではアクセントがかなり違うが、東京方言話者が近畿方言話者の発話を文脈によりほぼ誤解なく理解できるなど、アクセントが違っても、コミュニケーションにほぼ支障がないことなどから、アクセントの弁別機能は低く、あまり重要ではないといえる。

表記法　アクセントの表記法の主なものは、以下のとおりである。

メロン	お肉	刺し身	うどん
メ／ロン	ニ／オク	シ／ミ／サ	ド／ン／ウ
①－②－③	①－②－③	②－③／①	②－③／①
H L L	L H L	L H H	L H H
●○○	○●○	○●●	○●●
ﾒ|ロン	オﾆ|ク	サ|シミ	ウ|ドン
ﾒロン	オﾆク	サシミ	ウドン
ﾒ|ロン	オﾆ|ク	サシミ|	ウドン
ﾒ|ロン	オﾆ|ク	サシミ|	ウドン
1型（①）	2型（②）	3型（③）	0型（⓪）
－3型	－2型	－1型	0型

・「刺し身」と「うどん」の高低配置は、全く同じに見えるが、後続する助詞などの高さが異なるため、「刺し身」を尾高(おだか)型、「うどん」を平板型と呼んで区別する。詳しくは第1章第5課参照。

・「1型」「2型」は、その上段の方法 /▔\| / のある拍を前から数える方法。詳しくは第1章第5課参照。

・－3型、－2型のように、/▔\| / のある拍を後ろから数える方法については、第4章第1課参照。

基本問題

問題1 次の記述が正しければ〇、誤っていれば×を記せ。
(1)英語と違い、日本語にはアクセントはない。　　　　　　　　（　）
(2)「みかん？」の「ん」での高さの上昇は、アクセントである。（　）
(3)日本語のアクセントは、高さアクセントといわれる。　　　　（　）
(4)アクセントによって、単語を区別する役割を統語機能という。（　）
(5)英語では、アクセントによって単語を区別することはない。　（　）
(6)アクセントとは、一つの文について決まっているものである。（　）

問題2 【CDのTrack 5を聞いてください】
男性と女性が読み上げる文の中の耳慣れない語句のアクセントが同じなら、空欄に〇を、違うなら×を書け。

(1)____　(2)____　(3)____　(4)____　(5)____　(6)____

問題3 【CDのTrack 6を聞いてください】
男性と女性が読み上げる文の中の耳慣れない語句のアクセントが同じなら、空欄に〇を、違うなら×を書け。

(1)____　(2)____　(3)____　(4)____　(5)____　(6)____

解答
問題1　(1)×　(2)×　(3)〇　(4)×　(5)×　(6)×
問題2　(1)×　(2)〇　(3)〇　(4)×　(5)×　(6)×
問題3　(1)×　(2)×　(3)〇　(4)×　(5)×　(6)×

解説
問題1　(1)英語のような強さアクセントではないが、日本語にもアクセントはあるので、(×)
(2)アクセントは、一つひとつの語に決まっているもの。話者の表現意図に関与する文末の高さの上昇は、イントネーションというので、(×)
(3)日本語のアクセントは高さアクセントといわれるので、(〇)
(4)アクセントで単語を区別することは弁別機能というので、(×)

(5)英語でも、óbject(対象)とobjéct(反対する)のようにアクセントによって単語を区別することがあるので、(×)
(6)アクセントとは、文ではなく、語に決まっているものなので、(×)

問題2 CDで読まれたアクセントのパターンは、それぞれ以下のとおりである。

(1) ①：② ②①　(2) ①　① ②②　(3) ②．② ①①

(4) ②．① ①②　(5) ① ．①−② ②　(6) ①−② ．② ①

アクセントの聞き取りが苦手な人は、まず、アクセントの表記を見ながら音を聞いて、同じように言う練習をし、それができるようになったら、音を聞いて、アクセントを正しく表記する練習に移るとよい。

問題3 CDで読まれたアクセントのパターンは、それぞれ以下のとおりである。

(1) ①　② ②−③ ① ③　(2) ① ．②−③ ②−③ ①　(3) ② ② ① ③ ① ③

(4) ②−③ ① ① ②−③　(5) ②−③ ．①−②−③ ①　(6) ②−③ ． ③ ① ①−②

まず、下がり目が聞けるように練習しよう。次に、上がり目が聞けるように練習しよう。

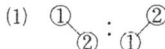

問題1 【CDのTrack 7を聞いてください】
男性と女性が読み上げる文の中の耳慣れない語句の高低のパターンを、例のように表記せよ。

例　①②③

(1) ① ②　(2) ① ②　(3) ① ②　(4) ① ②

(5) ① ② ③   (6) ① ② ③   (7) ① ② ③

(8) ① ② ③   (9) ① ② ③   (10) ① ② ③

問題2 【CDのTrack 8を聞いてください】

男性と女性が読み上げる文の中の耳慣れない語句が、どんなアクセント形式かを聞いて、該当するものを、a～dの中から一つ選べ。

(1) a. b. c. d.

(5) a. b. c. d.

(2) (1)の選択肢と同じ

(3) (1)の選択肢と同じ

(4) (1)の選択肢と同じ

(6) (5)の選択肢と同じ

(7) (5)の選択肢と同じ

(8) (5)の選択肢と同じ

(1)___ (2)___ (3)___ (4)___ (5)___ (6)___ (7)___ (8)___

解答　問題1　(1) ①②   (2) ①②   (3) ①②   (4) ①②
(5) ①②③   (6) ①②③   (7) ①②③   (8) ①②③
(9) ①②③   (10) ①②③

問題2　(1) c   (2) b   (3) d   (4) a   (5) c   (6) a   (7) d   (8) b

第4課　アクセントの感覚、表記

・第5課・アクセントの式と型

この課のねらい　（関連：H3～9聴解1,2、H3筆記1-3、H8筆記1-2、H9聴解4）

- 日本語にはどのようなアクセント型があるかを理解する。
- 日本語のアクセントを正しく聞き取れるようになる。

核と滝

アクセントの、高から低になる下がり目を、滝という。例えば、/アルク/ なら、/ア/ から /ル/ にかけて下がる部分を**アクセントの滝**という。この下がり目があるかないか、あるならどこで下がるかにより、語が分類できる。滝の直前を**核**ということもある。例えば /アルク/ は、/ア/ に**アクセント核がある**(/ア/ が**アクセント核である**)という。

式と型

アクセント核(滝)の有無により分類したものを**式**といい、その位置により分類したものを、**型(アクセント型)**という。式は、アクセント核がある**起伏式**と、アクセント核がない**平板式**に分かれる。起伏式は、頭高型、中高型、尾高型に分かれる。平板式は、平板型になる。1～4拍の語をまとめると、以下の表のようになる。

式	型＼拍数	1	2	3	4
起伏	頭高	絵 エガ	箸 ハシガ	メロン メロンガ	ドーナツ ドーナツガ
	中高				ステーキ ステーキガ
	中高			お肉 オニクガ	味噌汁 ミソシルガ
	尾高		橋 ハシガ	刺し身 サシミガ	妹 イモートガ
平板	平板	柄 エガ	端 ハシガ	うどん ウドンガ	焼き肉 ヤキニクガ

頭高型	1拍目にアクセント核があるものを**頭高型**という。例えば、/モ̅モ/(腿)、/ア̅ルク/(アルク)、/ク̅ラス/(クラス)、/サ̅イタマ/(埼玉)などである。
中高型	頭高型でも尾高型でもなく、語の途中にアクセント核があるものを**中高型**という。例えば、/アル̅ク/(歩く)、/ド̅ヨ̅ー̅ビ/(土曜日)、/アズ̅カル/(預かる)などである。
尾高型	「の」を除く助詞などをつけた場合に最終拍にアクセント核があるものを**尾高型**という。例えば、/ハナ̅/(花)、/オ̅ト̅コ/(男)、/オト̅ート/(弟)などである。
平板型	一方、「の」を除く助詞などを付けた場合でもアクセント核がないものを**平板型**という。例えば、/ハナ̅/(鼻)、/モ̅モ/(桃)、/クラス/(暮らす)などである。これらは/ ̅/を表記しないことでアクセント核がないことを表している。尾高型の「花」は/ハナ̅/、平板型の「鼻」は/ハナ̅/となる。助詞などを付けずに単独で発音すると、たいてい**尾高型と平板型は同じ高低になる**が、2拍語では、「花」の/ナ/のほうが「鼻」の/ナ/よりも高くなるなど、絶対的な高さの違いが生じることもあるといわれる。
n＋1	例えば4拍語では、アクセント核の位置が、第1拍、第2拍、第3拍、第4拍のものの4種類と、アクセント核がないもので、合計、4＋1の5種類の型がある。つまり、**n拍語では、n＋1のアクセント型が理論的には存在する**ことになる。しかし、それぞれのアクセント型に均等の数の語が存在するわけではなく、例えば、4拍の名詞では、平板型が74％を占め、尾高型は2％にすぎない。
アクセントの規則	東京方言のアクセント型には二つの規則がある。まず、語が単独で発話された場合、**1拍目と2拍目の高さが異なる**。つまり、4拍語の場合、以下のような型は存在しない。

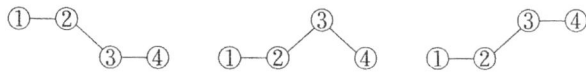

　また、**一度下がったら、もう上がらない**。つまり、4拍語では、以下のような型は存在しない。

東京式と京阪式

一方、**京阪式アクセント**には、/テブクロ//ハントシ/のように1拍目と2拍目が同じ高さの語がある、/サル/のように拍内でピッチが下降する語がある、などの特徴がある。京阪式アクセントは、近畿・四国地方に分布し、それより東の、北海道・東北・関東・中部、そして西の、中国・九州地方には、東京式アクセントに近いものが分布している。

無アクセント

東京式・京阪式アクセントには、語の弁別力があるが、これに対する**無アクセント方言**は、高低のパターンが決まっておらず、すべての語が同じ調子で発音され、起伏が目立たない。無アクセント方言は、茨城県から宮城県にかけて、福井市、九州北西部から南東部にかけての地域に分布する。

一型・二型アクセント

一型アクセント（いっけい）は、何拍の語であっても、1種類のアクセントパターンで発音される。宮崎県都城（みやこのじょう）、鹿児島県志布志（しぶし）などに分布する。**二型アクセント**（にけい）は、何拍の語であっても、2種類のアクセントパターンのうちのどちらかで発音される。長崎から鹿児島にかけての九州南西部などに分布する。なお、琉球地方では、東京式、二型、一型アクセントなど、地域によりさまざまなものが分布する。

ゆれ

アクセントに弁別機能がある東京方言・近畿方言でも、同じ語が、さまざまなアクセントで発音されることがある。これを**アクセントのゆれ**という。東京方言のゆれには、例えば、/クま/－/くま/、/そんなときは/－/そんなときは/、/クろくなる/－/くろくなる/、などがある。

平板化

アクセントのゆれのうち、平板型で発音されるようになる現象を**アクセントの平板化**という。なじみの深い語に平板化が起こりやすいといわれる。特に、一部の集団でよく用いられる業界用語、/ギター/－/ギター/、/フロッピー/－/フロッピー/、/シラバス/－/シラバス/や、若者言葉、/かれし/－/かれし/、/としょかん/－/としょかん/などでは、その型の違いが微妙なニュアンス、用法の違いを生じることもある。

基本問題

問題1 東京方言について、次の記述が正しければ〇、誤っていれば×を記せ。

(1)アクセント核がない語もある。（　）
(2)すべての拍数の語に、頭高型、中高型、尾高型、平板型がある。（　）
(3)日本の方言のアクセントは、名古屋を境にして東西に分けられる。（　）
(4)平板式に含まれる型は平板型だけである。（　）
(5)尾高型は、最後の拍が他の拍より特に高いので尾高型という。（　）
(6)「娘」は「の」をつけると、/ムスメノ/ となるので、平板型である。
（　）

問題2 以下の選択肢から、東京アクセントの型として存在しないものをすべて選べ。

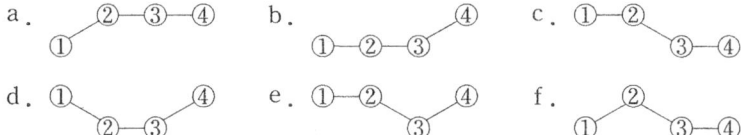

問題3 【CDのTrack 9を聞いてください】
男性と女性が読み上げる文の中の耳慣れない語句の高低のパターンを、例のように表記せよ。

例　①②③④

(1) ①②③④　　(2) ①②③④　　(3) ①②③④

(4) ①②③④　　(5) ①②③④　　(6) ①②③④

(7) ①②③④　　(8) ①②③④　　(9) ①②③④

(10) ①②③④

解答 問題1　(1)○　(2)×　(3)×　(4)○　(5)×　(6)×
　　　　問題2　b　c　d　e
　　　　問題3　(1) ①②③④　　(2) ①②③④　　(3) ①②③④
　　　　　　　(4) ①②③④　　(5) ①②③④　　(6) ①②③④
　　　　　　　(7) ①②③④　　(8) ①②③④　　(9) ①②③④
　　　　　　　(10) ①②③④

解説 問題1　(1)平板型はアクセント核がないので、(○)
　　　　　　　(2)少なくとも、1拍語、2拍語には、中高型がないので、(×)
　　　　　　　(3)九州・中国地方のアクセントは、京阪式よりも東京式に近く、「近畿・四国」対「それ以外」で大きく分類するのが普通なので、(×)
　　　　　　　(4)平板式に含まれる型は平板型だけで、頭高型、中高型、尾高型は起伏式に含まれるので、(○)
　　　　　　　(5)尾高型は最後の拍だけが高いのではなく、第1拍を除いて最後の拍までがすべて「高」であるから、(×)
　　　　　　　(6)/ムスコノ//ムスメノ/ は同じアクセントになるが、/ムスコガ//ムスメガ/ は違うアクセントになることから、尾高型か平板型かは「の」をつけることでは判定できないので、(×)

　　　　問題2　bceは、「1モーラ目と2モーラ目の高さが異なる」に反する。deは、「一度下がったら、もう上がらない」に反する。

応用問題

問題1　次の例は、日本語のある方言における名詞アクセントの体系を記述したものである。これについて後の問いに答えよ（ここでHは高ピッチを、Lは低ピッチを表す）。

3モーラ
　　魚　HHH　　　油　HLL　　　南　HHL
　　きつね　LLH　　くじら　LHL

4モーラ
　　友達　HHHH　　先生　HLLL　　親指　HHLL　　足跡　HHHL
　　にんじん　LLLH　　かまきり　LLHL　　兄弟　LHLL

問1　「①②③④⑤⑥⑦⑧」という架空の語において、第3モーラがH、第4モーラがLであるとき、第5モーラ以後のモーラはどうなるか。次の1〜5の中から一つ選べ。
　　a．すべて高くなる。
　　b．すべて低くなる。
　　c．すべて高くなる語もあるし、すべて低くなる語もある。
　　d．第6モーラだけ低くなり、あとは高くなる。
　　e．第7モーラだけ高くなり、あとは低くなる。

問2　この方言の単語について、あるモーラの高さが明らかなときに、存在しないピッチの型をそれぞれa〜dの中から一つずつ選べ。

例　①H③④　　a．LHLL　　b．HHHL　　c．HHLL　　d．LHHL
　　「①H③④」は、4モーラ語で、第2モーラがHであることを示す。
　　a〜dのうち、この方言で存在しないのはdである。

(1)　①②H④⑤
　　a．HHHHL　　b．HHHLL　　c．LLHHH　　d．LLHLL
(2)　①②③L⑤
　　a．HHHLH　　b．LHLLL　　c．LLLLH　　d．HHHLL
(3)　①②③④H⑥
　　a．HHHHHH　　b．LLLLHL　　c．HHHHHL　　d．LHHHHH
(4)　①②③L⑤⑥
　　a．HHHLLH　　b．LLLLLH　　c．HLLLLL　　d．LLLLHL

問3　この方言に関して、次のa〜eの中から正しい説明を一つ選べ。
　　a．語の内部でいったん下がったピッチは、再び上がることはない。
　　b．n個モーラがある語では、n＋1個のピッチの型が認められる。
　　c．第1モーラと第2モーラの高さはかならず異なる。
　　d．HHで終わる語は存在しない。
　　e．LLで終わる語は存在しない。

問題2 【CDのTrack10を聞いてください】

女性と男性が読み上げる文の中の耳慣れない語句が、どんなアクセント形式かを聞いて、該当するものを、a、b、c、dの中から一つ選べ。

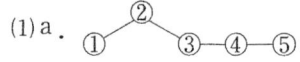

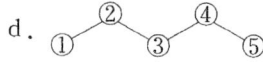

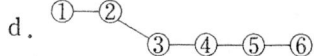

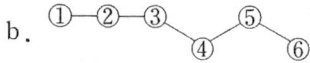

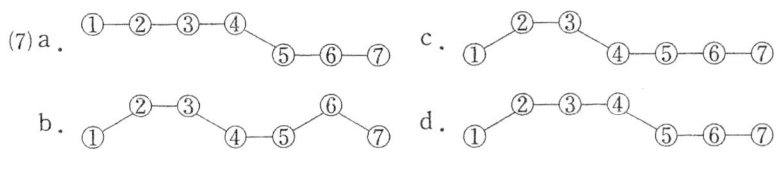

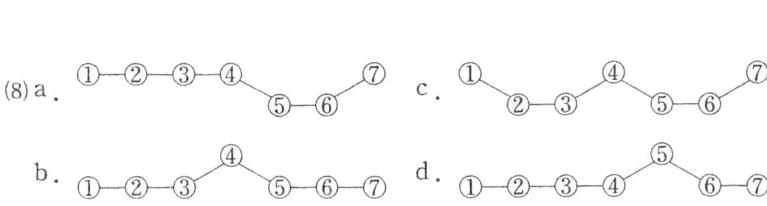

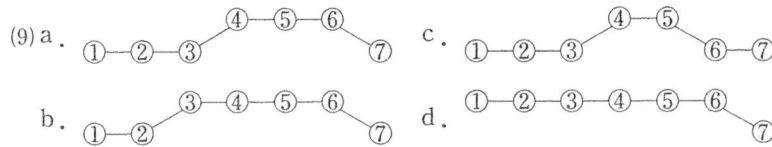

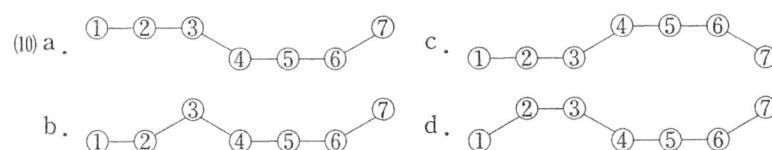

解答　問題1　問1　b　問2　(1)c　(2)a　(3)d　(4)a　問3　a
問題2　(1)b　(2)d　(3)c　(4)d　(5)a
(6)b　(7)d　(8)c　(9)a　(10)d

解説　問題1　例を見ると、HがLになった後、再びHになることがないので、この方言にもアクセント核が仮定できそうである。そこで、LLHやHHHの最終モーラのHもアクセント核として扱うと、次のような規則が立てられる。

規則①　Lで始まる語では、Hはアクセント核がある拍だけで、ほかはすべてLになる。

規則②　Hで始まる語では、Hはアクセント核まですべてHになり、その直後からはすべてLになる。

問1　可能性としては、HH<u>H</u>LLLLLとLL<u>H</u>LLLLLの二つの型が想定できるが、第5モーラ以後は、どちらもすべてLとなる。

問2　(1) cのLLHHHは、Lで始まる語のHが1カ所だけであることに反する。
　　(2) aのHHHLHは、Hの直後からすべてLになることに反する。
　　(3) dのLHHHHHは、Lで始まる語のHが1カ所だけであることに反する。ただし、東京方言のアクセントには存在する型である。
　　(4) aのHHHLLHは、Hの直後からすべてLになることに反する。

問3　a．LLLLHLLなどはあるが、LLLHLHやHHLLHLなどは存在しない。
　　b．n個モーラがある語では、Lで始まる語はn−1個、Hで始まる語は、n個、合計して、2n−1個のピッチの型が認められる。
　　c．東京方言のアクセントの規則としては正しいが、問題の方言ではHHHHやLLLHなどの語が存在する。
　　d．HHHHHなどの語が存在する。
　　e．LHLLLなどの語が存在する。

　実は、問題の方言のアクセントは、近畿方言のアクセントに準じたものである。近畿方言のアクセントでは、/サ\ル/のようにモーラ内で下降する語があったりするため、型の数が多くなる。また、LLHなどの語は、/きつ|ね/→/きつね|が/のように、助詞が付くと、Hが後ろにずれる。

第2章 音声記号にチャレンジ

・第1課・ 子音の分類(その1)

この課のねらい　　　　　　　　　(関連：H3～9聴解3,4、H4筆記1-2)

・子音の調音点・調音法の基礎について正しく理解する。
・基本的な調音点・調音法の名称および音声記号を正しく覚える。

五十音図の秘密	「五十音順」は、アイウエオ順とも呼ばれるが、では、なぜ、五十音はアイウエオの段の配列、アカサタナハマヤラワの行の配列なのだろうか。実は、これには、驚くべき音声学的理由があるのである。以下、その仕組みについて、少々話を簡単にするため、/ハ/ を /パ/ に換え、まずは、①ア(母音組)、②カサタナパマ(子音組)、③ヤラワ(特殊組)、に分けたうちの、②から説明することにしよう。
両唇破裂音	外から見やすい /パ//マ/ から始めよう。鏡を見ながら(人さし指をくわえるのでも結構)「パ、パ、パ…」と言うと、唇が1回1回閉じて、破裂することがわかる。「両唇」が「破裂」するので、この2点を取り上げ、/パ/ の子音 [p] を、「両唇音」「破裂音」という。並べていうと、**両唇-破裂音**である。図1は、頭を縦割りにして口腔(口むろ)を表した図で、口腔断面図(正中断面図)と呼ばれる。
閉鎖音	「破裂音」は「閉鎖音」ということもあるが、これは、次ページの図の閉鎖(内破)と破裂(外破)のどちらに着目するかによる名称の違いであり、指し示す子音は同じである。
両唇鼻音	次に、やはり鏡を見ながら(下唇に指を当てながら)、「マ、

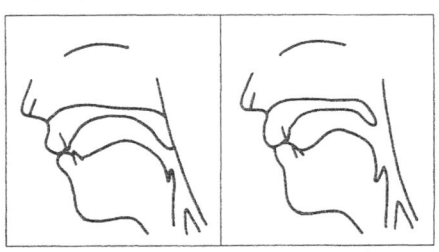

図1　両唇破裂音　　図2　両唇鼻音

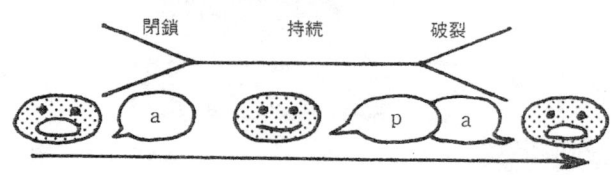

マ、マ…」と言うと、このときも唇は閉じるが、ゆっくり「ンーマ」と言うと、鼻から息が漏れることがわかる。鼻をつまんで「マ」と言えば、こもった感じの音色になるが、「パ」では、鼻をつまんでも音色は変わらない。そこで、/マ/ の子音 [m] を、**両唇-鼻音**(びおん)という。

口蓋帆　　そのときには、図2のように、口蓋帆(こうがいはん)と呼ばれる、のどの奥の部位が下がっている。図1の破裂音と図2の鼻音の違いは、平たくいえば、この口蓋帆の開閉の違いである。難しく言えば、呼気を口腔だけでなく鼻腔(びこう)(鼻むろ)にも抜いて調音するかどうかの違いである。

歯茎破裂音　　/タ/ はどうか。鏡を見ながら「タ、タ、タ…」と言うと、唇は閉じず、舌先が歯・歯茎(しけい)の辺りに触れて破裂することがわかる(図3)。つまりこれも破裂音だが、場所が歯茎の辺りなので、/タ/ の子音 [t] を**歯茎-破裂音**という。

歯茎鼻音　　次に /ナ/。これも鼻をつまんで言ってみよう。音色が変わるので「鼻音」。だが、閉じるのは唇ではなく、歯茎の辺りと舌先なので、/ナ/ の子音 [n] を、**歯茎-鼻音**という。図1・2と図3・4の関係は並行的にとらえられる。鼻音は、口蓋帆が下がり鼻腔へ息が流れる点が特徴である。

歯茎摩擦音　　破裂音に対し、狭いすき間を作ってそこから息を出して作る音を、**摩擦音**という。/サ/ の子音 [s] は、/タ/ [t] や/ナ/ [n] と同じ歯茎で狭めが生じる「**歯茎-摩擦音**」(図5)である。

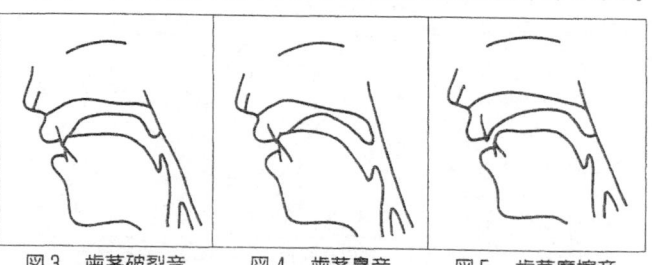

図3　歯茎破裂音　　図4　歯茎鼻音　　図5　歯茎摩擦音

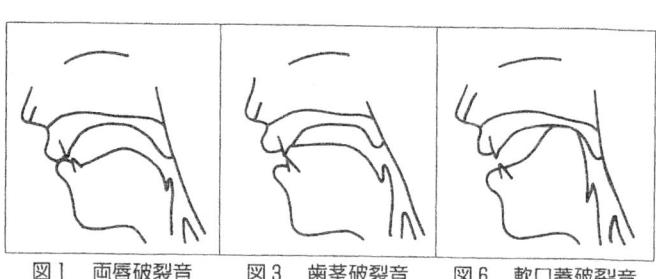

図1　両唇破裂音　　図3　歯茎破裂音　　図6　軟口蓋破裂音

軟口蓋破裂音

/カ/[k]ではさらに口の奥のほう、軟口蓋で閉鎖が生じている（図6）。そこでこれを、**軟口蓋-破裂音**という。

調音点・調音法

以上のように、私たちが日常発しているさまざまな音声は、唇や舌の一部を閉じたりすることで、息の流れを変えたものなのである。このように、音声器官を作用させて言語音を発することを、**調音**という。さて、[p][t][k]に共通するのは、声帯から唇、鼻までの息の通り道（**声道**）のどこかが閉じる点である。調音の方法は同じで、場所だけが違うので、両唇音、歯茎音、軟口蓋音の違いを、**調音点（調音位置）**の違いという。そして、摩擦音、破裂音、鼻音の違いを、**調音法（調音様式）**の違いという。

なお[s]は、厳密には、歯〜歯茎までの領域が「**調音域**」だと考えられるが、調音点名には「歯茎音」を用いる。

瞬間音と継続音

破裂音が、調音が一瞬で終わる**瞬間音**なのに対し、摩擦音は、息が続く限り延々と調音できるので、**継続音**という。

音声記号表

以上をまとめたのが、表1である。すべての子音は、基本的にこの調音点と調音法で分類される。両唇-破裂音[p]と軟口蓋-破裂音[k]の枠は横並びだから、調音法が同じで調音点が異なる。両唇-破裂音[p]と歯茎-摩擦音[s]の枠は斜め並びだから、調音点も調音法も異なる。

	← 調音点 →		
	両唇音	歯茎音	軟口蓋音
摩擦音		サ[s]	
破裂音	パ[p]	タ[t]	カ[k]
鼻音	マ[m]	ナ[n]	

表1　子音表（1）

第1課　子音の分類（その1）

基本問題

問題1 次の記述が正しければ〇、誤っていれば×を記せ。
(1)「閉鎖音」と「破裂音」は同じものを指す。　　　　　　（　）
(2)/マ/ と /ナ/ の子音は、どちらも鼻に息が抜ける。　　（　）
(3)/タ/ と /サ/ の子音は同じ調音位置で調音される。　　（　）
(4)/ソ/ と /ノ/ の子音は調音点が同じである。　　　　　（　）
(5)/コ/ と /ソ/ の子音は調音点も調音様式も異なる。　　（　）
(6)/メ/ と /ネ/ の子音は調音法が同じで調音点が異なる。（　）

◯解き方のヒント◯
　説明のページでは、「カ」「サ」「タ」「ナ」「パ」「マ」だけで説明したが、この問題の中に出てくる、同じ行に属する拍の子音の調音点・調音法は、すべて同じである。ただし、行の中には、調音点・調音法が異なるものも多く含まれる。ちなみに「調音位置」は調音点と、「調音様式」は調音法と同じ。

問題2 次の(1)～(6)の下線を引いた個所の子音の相違点として、最も適当なものを、a、b、cの中から一つずつ選べ。
　a．調音点が異なる　　b．調音法が異なる　　c．調音点も調音法も異なる
(1)「パイ」「タイ」　　　　　　　　　　　　　　　　　　　（　）
(2)「サイ」「タイ」　　　　　　　　　　　　　　　　　　　（　）
(3)「タイ」「カイ」　　　　　　　　　　　　　　　　　　　（　）
(4)「サイ」「カイ」　　　　　　　　　　　　　　　　　　　（　）
(5)「もり」「のり」　　　　　　　　　　　　　　　　　　　（　）
(6)「かっぽう」「かっこう」　　　　　　　　　　　　　　　（　）

問題3 次の(1)～(6)のおのおのの拍の子音は、どんな口構えで発音されているか。最も適当な図をa～dの中から一つずつ選べ。

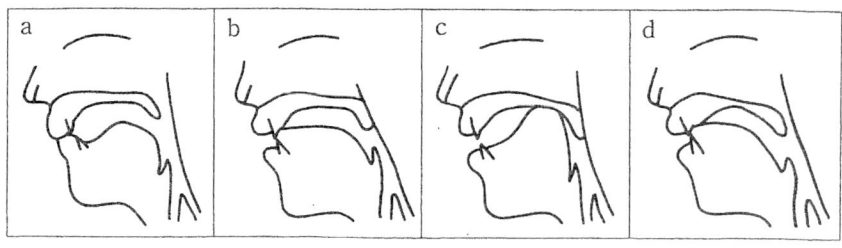

(1)「ま」___　(2)「た」___　(3)「こ」___　(4)「ね」___　(5)「か」___　(6)「も」___

解答　問題1　(1)○　(2)○　(3)○　(4)○　(5)○　(6)○
　　　　問題2　(1)a　(2)b　(3)a　(4)c　(5)a　(6)a
　　　　問題3　(1)a　(2)b　(3)c　(4)d　(5)c　(6)a

解説　問題1　(1)「閉鎖音」と「破裂音」は同じものを指すので　　　　　　(○)
　　　　　　　　(2)/マ/ 有声-両唇-鼻音　/ナ/ 有声-歯茎-鼻音　なので　　(○)
　　　　　　　　(3)/タ/ 無声-歯茎-破裂音　/サ/ 無声-歯茎-摩擦音　なので(○)
　　　　　　　　(4)/ソ/ 無声-歯茎-摩擦音　/ノ/ 有声-歯茎-鼻音　なので　(○)
　　　　　　　　(5)/コ/ 無声-軟口蓋-破裂音　/ソ/ 無声-歯茎-摩擦音　なので
　　　　　　　　　　　　　　　　　　　　　　　　　　　　　　　　　　　(○)
　　　　　　　　(6)/メ/ 有声-両唇-鼻音　/ネ/ 有声-歯茎-鼻音　なので　　(○)
　　　　　　　　ア段の拍と同じ調音点・調音法の子音を持つ拍は、
　　　　　　　　/カ/ ＝ カ・キ・ク・ケ・コ・キャ・キュ・キョ、
　　　　　　　　/サ/ ＝ サ・ス・セ・ソ、
　　　　　　　　/タ/ ＝ タ・テ・ト、
　　　　　　　　/ナ/ ＝ ナ・ヌ・ネ・ノ、
　　　　　　　　/パ/ ＝ パ・ピ・プ・ペ・ポ・ピャ・ピュ・ピョ、
　　　　　　　　/マ/ ＝ マ・ミ・ム・メ・モ・ミャ・ミュ・ミョ、
　　　　　　　　である。
　　　　　　　　　それ以外の拍、例えば、サ行・タ行・ナ行のイ段の拍などは、同じサ行・タ行・ナ行に属しながら、調音点や調音法が異なるので、ここでは問題に含めなかった。詳しくは、第2章第4課、第3章第1課などで学習する。

問題2　(1)/パイ/　無声-両唇-破裂音
　　　　　/タイ/　無声-歯茎-破裂音で、調音点。
　　　　(2)/サイ/　無声-歯茎-摩擦音
　　　　　/タイ/　無声-歯茎-破裂音で、調音法。
　　　　(3)/タイ/　無声-歯茎-破裂音
　　　　　/カイ/　無声-軟口蓋-破裂音で、調音点。
　　　　(4)/サイ/　無声-歯茎-摩擦音
　　　　　/カイ/　無声-軟口蓋-破裂音で、調音点と調音法。
　　　　(5)/モリ/　有声-両唇-鼻音
　　　　　/ノリ/　有声-歯茎-鼻音で、調音点。
　　　　(6)/カッポー/　無声-両唇-破裂音
　　　　　/カッコー/　無声-軟口蓋-破裂音で、調音点。

応用問題

問題1　【CDのTrack11を聞いてください（2度ずつ流れます）】
　　　男性と女性の発音の相違点として、最も適当なものはどれか。a、b、cの中から一つ選べ。
　a．調音点　　b．調音法　　c．調音点と調音法

(1)＿＿　(2)＿＿　(3)＿＿　(4)＿＿　(5)＿＿　(6)＿＿

問題2　【CDのTrack12を聞いてください（2度ずつ流れます）】
　　　文の最初の拍を発音している状態として、最も適当なものはどれか。a〜dの中から一つ選べ。

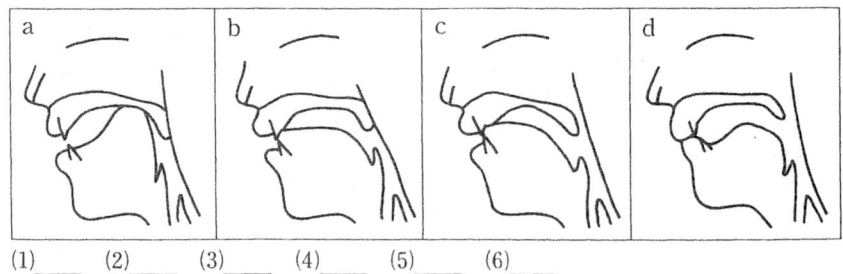

(1)＿＿　(2)＿＿　(3)＿＿　(4)＿＿　(5)＿＿　(6)＿＿

解答　問題 1　⑴ a　⑵ b　⑶ a　⑷ c　⑸ a　⑹ a
　　　　問題 2　⑴ d　⑵ b　⑶ a　⑷ c　⑸ a　⑹ d

解説　問題 1　⑴「<u>パ</u>ンがいいです」「<u>タ</u>ンがいいです」で、調音点。
　　　　　　　⑵「<u>さ</u>きがみえない」「<u>た</u>きがみえない」で、調音法。
　　　　　　　⑶「<u>足</u>りましたか」「<u>借</u>りましたか」で、調音点。
　　　　　　　⑷「かなりあ<u>さ</u>い」「かなりあ<u>か</u>い」で、調音点と調音法。
　　　　　　　⑸「<u>も</u>めましたね」「<u>の</u>めましたね」で、調音点。
　　　　　　　⑹「いきなり発<u>砲</u>したんです」「いきなり発<u>行</u>したんです」で、調音点。

　　　　問題 2　⑴<u>ま</u>あ、しょうがないね。
　　　　　　　⑵<u>た</u>まには気分転換。
　　　　　　　⑶<u>こ</u>んなところで言うなんて。
　　　　　　　⑷<u>ね</u>こが入ってきちゃう。
　　　　　　　⑸<u>か</u>えったほうがいいです。
　　　　　　　⑹<u>も</u>うゆるしてあげたら。

　実は、基本問題の 2 と応用問題の 1、そして、基本問題の 3 と応用問題の 2 には、それぞれ全く同じ拍が用いられている。ただ問題の語を変えただけである。一度解いたはずの問題でも、CD を聞きながら即座に解答しようとすると、かなり難易度が上がることがわかるだろう。
　聴解試験は、時間との戦いである。音声を聞き、瞬時にどこがどう違うかを判断する能力を高めるために、基本問題で知識を整理しておこう。できなかった人は、p.55 の表 1 を自分で書いて、縦と横の関係をしっかり押さえておくこと。また、自分でいろいろと調音して確認すること。

第1課　子音の分類（その1）

・第2課・ 子音の分類（その2）

この課のねらい　　　　　　　　　　　（関連：H3～9聴解3, 4）

・声帯振動の有無、およびその清濁との関係について理解する。
・五十音図の行の配列に見られる音声学的理由について知る。

	← 調音点 →		
↑調音法↓	両唇音	歯茎音	軟口蓋音
摩擦音		サ[s] ザ[z]	
破裂音	パ[p] バ[b]	タ[t] ダ[d]	カ[k] ガ[g]
鼻音	マ[m]	ナ[n]	

表2　子音表（2）

声帯振動　　調音点・調音法のほかにもう一つ、子音の分類に重要なのが、**声帯振動**の有無である。濁音のガ・ザ・ダ・バ行 [g][z][d][b] は有声音、清音・半濁音のカ・サ・タ・パ行 [k][s][t][p] は無声音で、調音点・調音法が対になる。清濁の対立がない行は有声音。表の欄内、右側の記号は有声音、左側の記号は無声音を表す。だから、/ダ/と/ナ/の違いは、**調音法**だけだが、/タ/と/ナ/の違いは、**調音法と声帯振動**である。

声門の状態　　声帯と声帯の間の空間を**声門**という。その声門の、無声音・有声音の状態を表す図が、b・dである。図の上部がのど仏方面で、下部のカギ型の部位は、可動状態にある軟骨を表す。2本の弦が**声帯**で、図では弦のようだが、本当は唇のような形をした筋肉と粘膜の塊である。

確認方法　　のど仏の少し上を触りながら「ンー」と言うと、この振動が指先に感じられる。同様に指を当て、「静かに」の要領で

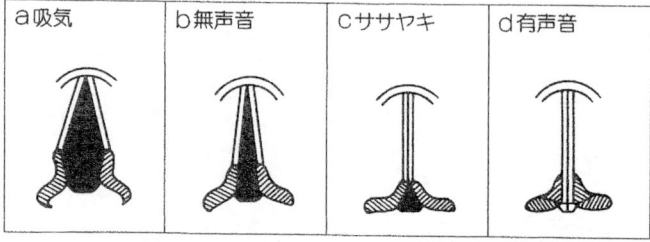

a 吸気　　b 無声音　　c ササヤキ　　d 有声音

「シー」と言うと、bのように開いた声門を呼気が通過するため、声帯は振動しない。耳をふさいで確認する方法もある。有声音では声が頭に響くが、無声音では響かない。

声門閉鎖 　dの有声音と同じ図を、しっかりした閉鎖と見なす場合は、**声門-破裂音**[ʔ]を表す。緊張したときの「ッアノー」[ʔanoː]のように、声門閉鎖状態から母音調音状態へと推移すると、そこがブツッと途切れた感じになる。声門-破裂音は無声子音で、有声-声門-破裂音は、原理的に調音できない。

硬口蓋接近音 　「イー」と言いながら舌の中程を硬口蓋に近づけると、有声-硬口蓋-摩擦音[ʝ]が出るが、これは呼気が摩擦により妨害される子音である。これより狭めがゆるいのがヤ行音で、呼気の妨害がほとんどないため、**接近音**という。ヤ行は、**硬口蓋-接近音**[j]である。[ja]と書いて「ヤ」と読む。ヘボン式ローマ字の読みとは異なるので、要注意。

軟口蓋接近音 　ワ行子音は、摩擦が響かない程度に後舌が軟口蓋に接近し、唇も狭まる(**唇が円まるのではない**)ので、**両唇軟口蓋-接近音**[w]([ɯ]とも表記される)という。

ウ音便 　/イ//ウ/が連続すると、「言う→ユー」「キウイ→キューイ」になる。/イ/や/ウ/の後に他母音があると、/おみあい/→/オミヤイ/、/たくあん/→/タクワン/のように、母音から母音へわたる途中で、[j][w]が挿入される。このような性質から、半母音は「わたり音」とも呼ばれる。「男女七歳にして席を同じゅうせず」などの**ウ音便**も、「同じく」の[k]脱落と/イ//ウ/融合により生じたものである。

歯茎弾き音 　図9は、ラ行子音で、舌先が反り返って歯茎に接触した段階の図である。この後、舌が歯茎をなでるように1回弾く動きが見られるので、**歯茎-弾き音**[ɾ]という。

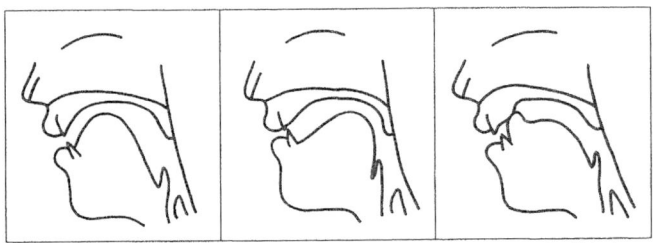

図7　硬口蓋接近音　　図8　両唇軟口蓋接近音　　図9　歯茎弾き音

	← 調音点 →			
	両唇音	歯茎音	硬口蓋音	軟口蓋音
摩擦音		サ[s]		
破裂音	パ[p]	タ[t]		カ[k]
鼻音	マ[m]	ナ[n]		
接近音	(ワ[w])		ヤ[j]	(ワ[w])
弾き音		ラ[ɾ]		

↑調音法↓

表3　子音表（3）

配列のなぞの答え

　さて、表3右上から、五十音図と同じように進んでみれば、行の配列の秘密とは何か、もうおわかりであろう。ワ行を両唇音と見なせば、これらは、子音の調音点が、

　　軟口蓋音/カ/→歯茎音/サ//タ//ナ/→両唇音/パ//マ/
　　硬口蓋音/ヤ/→歯茎音/ラ/→両唇音/ワ/

のように、後ろから前へと進むことがわかる。/サ//タ//ナ/と/パ//マ/は、さらに調音法から細分類され、

　　摩擦音/サ/→破裂音/タ/・/パ/→鼻音/ナ/・/マ/

の順に並んでいる、というわけである。

最古の出典

　行・段の配列は現在とは異なるが、五十音図の最古の出典は、平安時代の『孔雀経音義』(くじゃくきょうおんぎ)(1000年ごろ)にさかのぼる。それが悉曇学(しったんがく)(古代インド語学)等の影響を受けて徐々に整理され、現在の形になったと考えられている。ここには、極めて水準の高い音声学的知見が盛り込まれているのである。

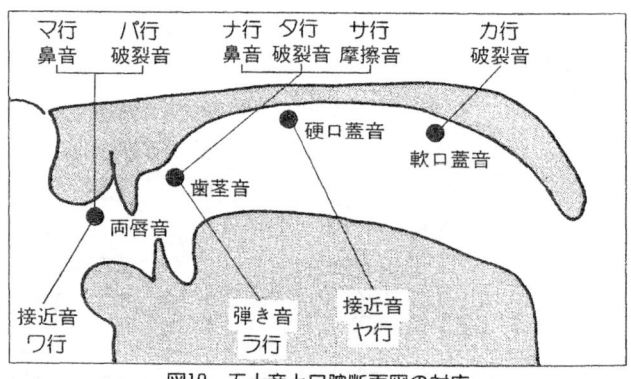

図10　五十音と口腔断面図の対応

基本問題

問題1 次の記述が正しければ○、誤っていれば×を記せ。

(1)五十音図の最古の出典は、奈良時代のものである。（　）
(2)「よめ」は、国際音声記号では［jome］と表記される。（　）
(3)/ペ/と/ベ/の子音は調音法も声帯振動も異なる。（　）
(4)/サ/と/ラ/の子音は同じ調音位置で調音される。（　）
(5)/レ/と/デ/の子音の調音様式は同じである。（　）
(6)/ヤ/と/ワ/の子音は調音点も調音法も異なる。（　）

問題2 下の(1)～(5)のおのおのの拍の子音は、どんな口構えで発音されているか。最も適当な図をa～dの中から一つ選べ。

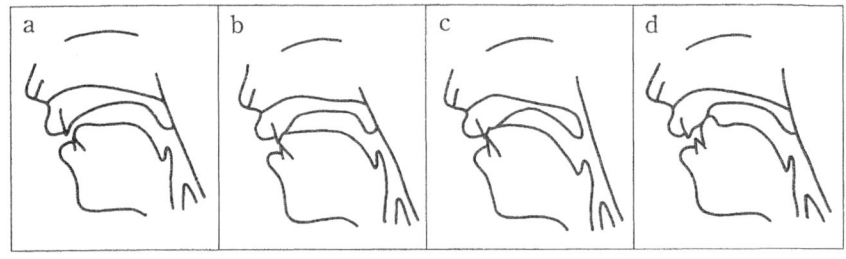

(1)「さ」＿＿ (2)「れ」＿＿ (3)「と」＿＿ (4)「の」＿＿ (5)「で」＿＿

☺解き方のヒント☺

この段階なら、口腔断面図の表す音は、①口蓋帆の開閉、②唇の接触、③舌の接触接近およびその位置から判定できる。

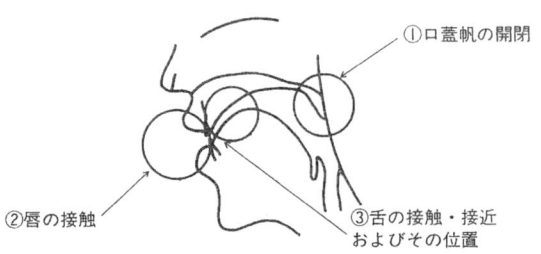

①は調音法を表す。口蓋帆が下がって鼻腔へも呼気が流れていれば鼻音、

閉じていれば、それ以外。

②は調音点を表す。①と併せて両唇-鼻音か両唇-破裂音。

③は調音点・調音法を表す。①と併せて、歯茎-破裂音・歯茎-摩擦音・歯茎-鼻音・歯茎-弾き音・軟口蓋-破裂音のいずれか。

問題3 (1)表の（　）に、適当な調音点名・調音法名を入れよ。

(2)表の適当な空欄に、カ、サ、タ、ナ、マ、ヤ、ラを入れよ。

	（　）音	歯茎音	（　）音	軟口蓋音
摩擦音				
（　）音	パ			
（　）音				
（　）音	ワ			
弾き音				

解答　問題1　(1)×　(2)〇　(3)×　(4)〇　(5)×　(6)×
　　　　　問題2　(1)a　(2)d　(3)b　(4)c　(5)b
　　　　　問題3

	両唇音	歯茎音	硬口蓋音	軟口蓋音
摩擦音		サ		
破裂または閉鎖音	パ	タ		カ
鼻音	マ	ナ		
接近音	ワ		ヤ	
弾き音		ラ		

解説　問題1　(1)五十音図の原形が見られる最古の出典は、平安時代のものなので（×）

(2)「よめ」は、国際音声記号では［jome］と表記されるので（〇）

(3)/ペ/ 無声-両唇-破裂音　/ベ/ 有声-両唇-破裂音なので（×）

(4)/サ/ 無声-歯茎-摩擦音　/ラ/ 有声-歯茎-弾き音なので（〇）

(5)/レ/ 有声-歯茎-弾き音　/デ/ 有声-歯茎-破裂音なので（×）

(6)/ヤ/ 有声-硬口蓋-接近音　/ワ/ 有声-軟口蓋-接近音なので（×）

(2)について少し補足しておく。/ヤ/ を［ya］と書かないのは、国際音声記号では［j］が「硬口蓋-接近音」として、［y］が「前舌-円唇-狭母音」（→第3章第3課）として登録されており、別の

音を表すからである。そうでない場合、例えば有声-軟口蓋-破裂音の［g］は、印刷によく用いられる「g」の書体が別記号で登録されているわけではないので、［g］が代用されることもある。

　［j］の場合は、普通に用いられる記号なので問題ないが、［r］の場合は少しやっかいな問題がある。国際音声記号では、［r］は「有声-歯茎-震え音」を表す記号で、日本語の［ɾ］、英語の［ɹ］、米語の［ɻ］などとは異なる（→p.151）。しかし、このような特殊な記号が使えない場合、それが明らかに震え音を意味するのではないということが了解されていれば、簡略的に、日本語や英語に［r］を用いることもある。この辺はケース・バイ・ケースである。

応用問題

問題１　【CDのTrack13を聞いてください】

　文の最初の拍を発音している状態として、最も適当なものはどれ

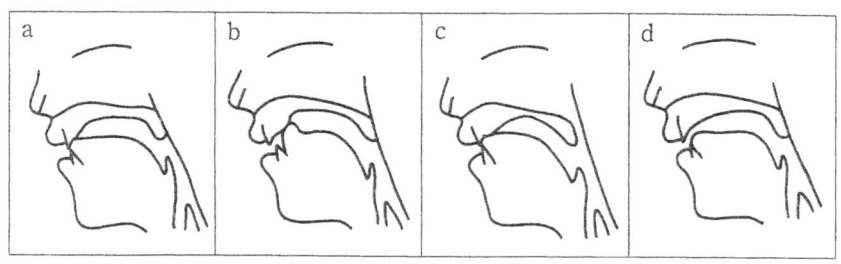

　か。ａ〜ｄの中から一つ選べ。

(1)＿＿＿　(2)＿＿＿　(3)＿＿＿　(4)＿＿＿　(5)＿＿＿

問題２　【CDのTrack14を聞いてください】

　女性と男性の発音の相違点として、最も適当なものはどれか。ａ、ｂ、ｃ、ｄの中から一つ選べ。

　　ａ．声帯振動　ｂ．調音点　ｃ．調音法　ｄ．調音法と声帯振動

(1)＿＿＿　(2)＿＿＿　(3)＿＿＿

　　ａ．調音点　ｂ．調音法　ｃ．調音点と調音法　ｄ．調音法と声帯振動

(4)＿＿＿　(5)＿＿＿　(6)＿＿＿

☺解き方のヒント☺

例えば「鼻音」といえば、日本語にはナ行もマ行もあるが、「弾き音」といえば、ラ行しかない。つまり、ラ行と何かの違いが問われたときは、必ず解答に「調音法」が含まれるということである。なお、「鼻音」「弾き音」「接近音」は有声音なので、「声帯振動」に注意。

解答　問題1　(1) a　(2) d　(3) c　(4) b　(5) a
　　　　問題2　(1) c　(2) c　(3) c　(4) c　(5) d　(6) d

解説　問題1　(1)とにかくラストまでがんばりましょう。
　　　　　　　(2)さっきはごめんなさい。
　　　　　　　(3)のみたい気分だったの。
　　　　　　　(4)れいの話、わかった？
　　　　　　　(5)でんしレンジでOK。
　　　　　　　前の課と同様、基本問題の2と応用問題の1は同じ拍で、単語と出題の順番が異なるだけである。

問題2　(1)「だれも知らない」　　　　　[r] 有声-歯茎-弾き音
　　　　　「だれも死なない」　　　　　[n] 有声-歯茎-鼻音　で、調音法。
　　　(2)「たいかいしました」　　　　[t] 無声-歯茎-破裂音
　　　　　「さいかいしました」　　　　[s] 無声-歯茎-摩擦音　で、調音法。
　　　(3)「目をつむってて」　　　　　[m] 有声-両唇-鼻音
　　　　　「目をつぶってて」　　　　　[b] 有声-両唇-破裂音　で、調音法。
　　　(4)「そんなのあむんですか」　　[m] 有声-両唇-鼻音
　　　　　「そんなのあるんですか」　　[r] 有声-歯茎-弾き音　で、調音点と調音法。
　　　(5)「確か、とおかでしたね」　　[t] 無声-歯茎-破裂音
　　　　　「確か、ろうかでしたね」　　[r] 有声-歯茎-弾き音　で、調音法と声帯振動。
　　　(6)「そうでしょうか」　　　　　[s] 無声-歯茎-摩擦音
　　　　　「どうでしょうか」　　　　　[d] 有声-歯茎-破裂音　で、調音法と声帯振動。

・第3課・ 唇音退化、ハ行転呼

この課のねらい (関連：H3〜9聴解3、4、H9筆記I-11、H8筆記I-9、H5筆記I-10、H4筆記I-13、H3筆記I-11)

・ハ行・バ行の清濁の関係と、ハ行音の歴史について理解する。
・表記と発音の食い違いの原因の一つ、ハ行転呼について知る。

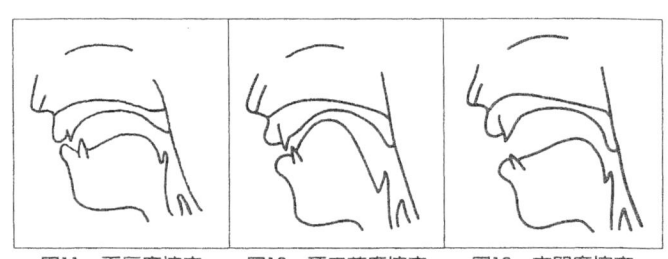

図11 両唇摩擦音　図12 硬口蓋摩擦音　図13 声門摩擦音

ハ行の調音点　ハ行の調音点は、/ハ//ヘ//ホ/ が声門音(喉頭音)(図13[h])、/ヒ//ヒャ//ヒュ//ヒョ/ が硬口蓋音(図12[ç])、/フ/や、外来語音の /ファ//フィ//フェ//フォ//フュ/ は両唇音 (図11[ɸ]〈[F]とも表記される〉)と多岐にわたる。調音法はすべて摩擦音。

確認の方法　これは、その口構えで逆に息を吸うとわかる。例えば、熱いものを食べて口の中がヒリヒリするとき、「ヒーッ」と息を吸って冷やすことがあるが、この要領で、/フ/ の口構えで息を吸うと、唇が冷たく感じられる。次に、/ス//ヒ//ハ/ の順で、同様にそれぞれの口構えで息を吸うと、徐々に、冷たく感じられる部分が後ろへ移動する。これは、おのおのの調音点、つまり狭めが最も強い個所の熱が奪われるためである。

ハ行とバ行　「ハ行が濁るとバ行になる」とは日本人の清濁の論理であって、/ブ/と/プ/ は声帯振動が、/プ/と/フ/は調音法が、両唇-破裂音 /ブ/[b] と両唇-摩擦音 /フ/[ɸ] は、声帯振動と調音法が異なる。声門-摩擦音 /ハ//ヘ//ホ/[h] や硬口蓋-摩擦音 /ヒ/[ç] と、両唇-破裂音 /バ//ビ//ベ//ボ/

[b] は、声帯振動・調音点・調音法の三つとも異なる。

```
/ブ/←声帯振動→/プ/←調音法→/フ/
        ↑──声帯振動──と──調音法──┘
/バビベボ/←声帯振動→/パピペポ/←調音点と調音法→/ハヒヘホ/
        ↑──声帯振動──と──調音点──と──調音法──┘
```

[h]の「濁音」　[h]の有声音、有声-声門-摩擦音[ɦ]は、「にほんご」「おはよう」などのように、母音に挟まれた/ハ//ヘ//ホ/が有声化して偶発的に出る音であって、「濁音」ではない。

	両唇音	歯茎音	硬口蓋音	軟口蓋音	声門音
鼻音	[m]	[n]			
破裂音	[p] [b]	[t] [d]		[k] [g]	[ʔ]
摩擦音	[ɸ]	[s] [z]	[ç] [j]		[h] [ɦ]
接近音	([w])		[j]	([w])	
弾き音		[r]			

表4　子音表（4）

古代日本語　このような、清濁と、無声音・有声音の関係の不一致には、日本語の音韻の歴史がかかわっている。第2章第1課では、五十音図の /ハ/ を /パ/ に換えて清濁の仕組みを説明したが、実は、本当に、**ハ行子音は、奈良時代以前は[p]だった**といわれている。つまり、古代日本語においては、[b]対[p]という「正しい」関係が、バ行とハ行の間に存在したのである。ハ行が[p]でバ行が[b]なら、どちらも両唇-破裂音だから、他の行の /t/ と /d/、/k/ と /g/ の対立と同じである。

唇音退化　ところが、この[p]の閉鎖が徐々に緩んで、両唇-摩擦音[ɸ]になり、室町時代以後はさらに緩んで、全く唇を使わない声門-摩擦音[h]になった。その結果、ハ行とバ行には清濁の関係だけが残り、パ行のほうは「半濁音」と名付けられ、孤立している。このような、唇の緊張が徐々に緩む方向に変化する現象を、**唇音退化**という。

関連現象　唇音退化に関連する現象は、このほかにも、
・ワ行の「ゐゑを」/wi//we//wo/ の消失

- **合拗音**「クヮシ/kwa/（菓子）」「グヮンタン/gwa/（元旦）」等の「カシ/ka/」「ガンタン/ga/」への変化（**直音化**）
- 助動詞「行かむ/mu/」の「行かん/N/」への変化

などがある。

ハ行転呼	現代日本語では、助詞「は」「へ」や「こんにちは」等のハ行表記を /ワ//エ/ と読むが、これにも、ハ行音の歴史が関係している。古典の朗読では、「おはす」「こひ」「たまへ」「かほ」などもワ行で読むが、実は、語中のハ行も助詞のハ行も、かつては、「はじめ」等の文節頭のハ行と同じく、ハ行のままで発音されていた。それが平安時代ごろから、語中で「濁って」ワ行音になった。これを**ハ行転呼**という。
子音の有声化	ハ行音と転呼音の間にあるのは、無声子音の有声化および唇の緩みである。**子音の有声化**は、東北方言における「行ぐ」「あだま」などのカ行、タ行の例が有名だが、東京方言でも、日常の自然な発音では /イダイ(痛い)//デギナイ/ のように、母音に挟まれた無声子音が有声化することがある。現代語のハ行は、/ハヽ//ゴハン//ニホンゴ/などが「濁る」と、有声-声門-摩擦音［ɦ］となる。だが、当時の**ハ行子音は両唇-摩擦音［ɸ］だった**ため、「濁った」ものが、**両唇音のワ行子音に近づいた**というわけである。
現代仮名遣い	ワ行音化したハ行は、**歴史的仮名遣いではハ行で表記**されていたが、戦後の1946年(昭和21年)の内閣告示、「**現代かなづかい(1986年「現代仮名遣い」に改訂)**」以後、実際の発音に基づいてワ行で表記されるようになった。
表記と発音	しかし、助詞の「は」「へ」などはそのまま残されたため、**歴史を背負った表記と発音が不一致を生じている**わけである。つまり、助詞の「は」「へ」は、なぜ /ワ//エ/ と読むのか、という問いは、歴史から考えると実は逆で、「もともとハ行で表記されたもののうち、助詞以外をワ行表記に変えた」という説明のほうが正しいということになる。

```
         ～奈良 ～ 平安 ～ 室町 ～ 現代
語頭    pa＞ɸa            ＞ha       →ハ行表記
語中    apa＞aɸa＞awa               →ワ行表記
```

図14　ハ行音の変遷

基本問題

問題1 次の記述が正しければ○、誤っていれば×を記せ。
(1) 室町時代のハ行音は両唇破裂音であった。　　　　　　　　（　　）
(2) ハ行音が破裂音から摩擦音に変化した現象をハ行転呼という。（　　）
(3) ハ行子音の調音法はすべて同じ摩擦音である。　　　　　　（　　）
(4) /ヒ/ と /ヒャ/ の調音点は同じである。　　　　　　　　　（　　）
(5) /ピョ/ と /ヒョ/ の調音点は同じである。　　　　　　　　（　　）
(6) /フ/ と /ブ/ は、声帯振動・調音点・調音法がすべて違う。（　　）

問題2 【CDのTrack15を聞いてください】
　　　　男性と女性の発音の声帯振動が同じだったら○を、違ったら×を空欄に書け。

(1)____　(2)____　(3)____　(4)____　(5)____

問題3 二つの語の相違点として、最も適当なものを一つ選べ。
　　a．調音点　　b．調音法　　c．声帯振動　　d．調音点と調音法
(1)「ピット」「ヒット」　　　　　　　　　　　　　　　　　（　　）
(2)「バット」「パット」　　　　　　　　　　　　　　　　　（　　）
(3)「放置」「ポーチ」　　　　　　　　　　　　　　　　　　（　　）

　　a．調音点　　b．調音法　　c．調音点と声帯振動　　d．調音法と声帯振動
(4)「不利」「ブリ」　　　　　　　　　　　　　　　　　　　（　　）
(5)「無理」「不利」　　　　　　　　　　　　　　　　　　　（　　）
(6)「無用」「霧氷」　　　　　　　　　　　　　　　　　　　（　　）

☺解き方のヒント☺
　　　　マ行やヤ行も有声音であることに注意。/ヨ/ は接近音なので、摩擦音の /ヒョ/ とは調音法が異なる。

解答 問題1　(1)×　(2)×　(3)○　(4)○　(5)×　(6)×
　　　　問題2　(1)○　(2)×　(3)○　(4)○　(5)×
　　　　問題3　(1) d　(2) c　(3) d　(4) d　(5) d　(6) d

解説 問題1　(1)ハ行音が[p]だったのは奈良時代以前といわれているので、　(×)
　　　　　　　(2)ハ行の摩擦音化は唇音退化。ハ行転呼は有声化なので、　(×)
　　　　　　　(3)ハ行子音の調音法はすべて同じ摩擦音なので、　(○)
　　　　　　　(4)/ヒ/ と /ヒャ/ は、どちらも無声-硬口蓋-摩擦音なので、　(○)
　　　　　　　(5)/ピョ/無声-両唇-破裂音、/ヒョ/無声-硬口蓋-摩擦音なので、　(×)
　　　　　　　(6)/フ/ 無声-両唇-摩擦音、/ブ/ 有声-両唇-破裂音なので、　(×)

　　　　問題2　(1)男：うちのはアです。　　　　　　女：はア　　有声・有声
　　　　　　　(2)男：おエんじ、遅いねえ。　　　　女：おへんじ　有声・無声
　　　　　　　(3)男：鉄人をみオンにしたんです。　女：みオン　　有声・有声
　　　　　　　(4)男：あのひとが渡さん？　　　　　女：あのひと　無声・無声
　　　　　　　(5)男：おアようございます。　　　　女：おはよう　有声・無声

　　　　問題3　(1)/ピット/　無声-両唇-破裂音
　　　　　　　　　/ヒット/　無声-硬口蓋-摩擦音で、調音点と調音法。
　　　　　　　(2)/バット/　有声-両唇-破裂音
　　　　　　　　　/パット/　無声-両唇-破裂音で、声帯振動。
　　　　　　　(3)/ホーチ/　無声-声門-摩擦音
　　　　　　　　　/ポーチ/　無声-両唇-破裂音で、調音点と調音法。
　　　　　　　(4)/フリ/　無声-両唇-摩擦音
　　　　　　　　　/ブリ/　有声-両唇-破裂音で、調音法と声帯振動。
　　　　　　　(5)/ムリ/　有声-両唇-鼻音
　　　　　　　　　/フリ/　無声-両唇-摩擦音で、調音法と声帯振動。
　　　　　　　(6)/ムヨー/　有声-硬口蓋-接近音
　　　　　　　　　/ムヒョー/　無声-硬口蓋-摩擦音で、調音法と声帯振動。

第3課　唇音退化、ハ行転呼

―――――――――――　応用問題　―――――――――――

問題1　次の文章を読み、問いに答えよ。

　意味を担う最小単位を形態素といい、同一形態素の変種を異形態という。例えば、「日傘」は「日＋傘」という二つの形態素からなる複合語だが、この「かさ」と「がさ」は異形態である。このように、複合語における後部形態素

の1拍目が、清音から濁音に変化する現象を、連濁という。この異形態の関係を、音声学的にとらえた場合、

「日＋傘kasa→日傘higasa」「花見＋時toki→花見時hanamidoki」
などの例では、/k//t/が/g//d/になっており、これは音声学的にも、無声音[k][t]が、有声音[g][d]になる現象だといえる。しかし、

「火＋箸hasi→火箸hibasi」「黒kuro＋星hosi→黒星kurobosi」
のようなハ行の連濁は、単なる子音の有声化とは言えない。無声（ ① ）音[t]が、有声（ ① ）音[d]になり、無声（ ② ）音[k]が、有声（ ② ）音[g]になるように、清濁の関係を「無声・有声」の対立ととらえるならば、有声（ ③ ）音[b]は、無声（ ③ ）音[p]と対になるはずだが、上記の例では、無声（ ④ ）音[h]となっているからである。

実は、古代における「はひふへほ」は、（ ⑤ ）音だったのだが、唇の合わせの強い（ ⑤ ）音から、それの弱い（ ⑥ ）音へと変わり、最後に、唇を使わない（ ⑦ ）音に推移したのだといわれている。このような音韻変化を、問2「唇音退化」という。

問1 （ ① ）～（ ⑦ ）に入れるのに最も適当な語句を、選択肢a〜hの中から一つずつ選べ。同じものを何度使っても構わない。
　　a．両唇破裂　　b．歯茎破裂　　c．軟口蓋破裂　　d．声門破裂
　　e．両唇摩擦　　f．歯茎摩擦　　g．軟口蓋摩擦　　h．声門摩擦
　　①＿＿　②＿＿　③＿＿　④＿＿
　　⑤＿＿　⑥＿＿　⑦＿＿

問2 次のうち、唇音退化と関係の深い現象はどれか。二つ選べ。
　　a．「いだく」「いだす」などが「だく」「だす」に変化したこと。
　　b．「さびしい」などのバ行音が、「さみしい」に変化したこと。
　　c．「よっぽど」などのパ行音が「よほど」に変化したこと。
　　d．「くゎじ(火事)」のような発音が、「かじ」に変化したこと。
　　e．「書かむ」の助動詞「む」が「書かん(書こう)」に変化したこと。

問題2 【CDのTrack16を聞いてください（2度ずつ流れます）】
　男性と女性の発音の相違点として、最も適当なものはどれか。a～dの中から一つ選べ。
　a．声帯振動　　b．調音点と調音法
　c．調音点と声帯振動　　d．調音法と声帯振動

(1)____　(2)____　(3)____

　a．調音法　　b．調音点と調音法
　c．調音点と声帯振動　　d．調音法と声帯振動

(4)____　(5)____　(6)____

解答　問題1　問1　①b　②c　③a　④h　⑤a　⑥e　⑦h
　　　　　　　　　問2　dとe
　　　　　問題2　(1)a　(2)d　(3)b　(4)d　(5)b　(6)d

解説　問題1　問1　連濁は、「修飾・被修飾」の関係にある「被修飾語」の清音に多く生じる。つまり、「にぎりずし」「ほんだな」などでは連濁が生じるが、「うえした」「のみくい」のような並列の関係では連濁しない。また、「ひとびと」「ふかぶかと」のような、畳語（同語の繰り返し）では連濁が生じるが、「しとしと」「ふかふか」などの擬音語・擬態語は、連濁しない。このように、連濁が生じる条件に関して細かく記述するとキリがないのだが、このほか、次のようなこともいわれている。
　・外来語は連濁しない。漢語もほとんど連濁しない（例外：「いろはガルタ」「角砂糖」「株式会社」など）。
　・用言＋用言では連濁しない。「つかみとる／つかみどり」。
　・被修飾語の2拍目に濁音があるときは連濁しにくい。「おおかぜ／おおぞら」。
　　問2　d「くゎ」は［kwa］のように、軟口蓋で［k］を調音しながら唇を狭める音で、合拗音と呼ばれる。それが唇音退化で軟口蓋音［k］になった。
　　　e「書かむ」の／ム／は、唇が緩んで／ウ／の鼻母音になり、一方では／ン／に、一方では、／アウ／→／オー／という同化が生

じて/カコー/ となった。
　以下、ほかの選択肢についても簡単に説明しておく。
　a 「いだく」「いだす」→「だく」「だす」は、語頭の母音脱落。
　b 「さびしい」「さみしい」は両者とも両唇音で、鼻音性の有無に関するゆれ。
　c 「よっぽど」は「よほど」に促音が挿入されたもので、「よっぽど」が「よほど」に変化したという歴史的事実はない。声門音→両唇音となったものだから、「退化」の逆。

問題2　(1)「そのバターをとってください」「そのパターをとってください」で、声帯振動。
(2)「ナイフの問題か」「ないぶの問題か」で、調音法と声帯振動。
(3)「あべのひらふ(阿倍比羅夫)」「阿部のピラフ」で、調音点と調音法。
(4)「標識が違います」「様式が違います」で、調音法と声帯振動。
(5)「つい、ほろりとね…」「つい、ぽろりとね…」で、調音点と調音法。
(6)「やっぱり、アムロはいいね」「やっぱり、アフロはいいね」で、調音法と声帯振動。
　例によって、問題となる拍自体は、基本問題3と全く同じで、選択肢と順番を変えただけである、解説はp.71を参照されたい。

・第4課・ 四つ仮名

この課のねらい　(関連：H3〜9聴解3,4、H9筆記I-11、H5筆記I-10、H3筆記I-12。)

・タ行、ダ行、ザ行、サ行の清濁と無声音・有声音のズレを知る。
・有声破擦音の摩擦音化について知る。

歯茎硬口蓋音	ヘボン式ローマ字では、サ行は、sa shi su se so sha shu sho（サ・シ・ス・セ・ソ・シャ・シュ・ショ）のように、イ段と拗音は"sh"、その他は"s"となっている。実は、両者は調音点が異なり、/サ//ス//セ//ソ/ は**歯茎-摩擦音**（図5）、/シ//シャ//シュ//ショ/ は**歯茎硬口蓋-摩擦音**[ɕ]（図14）なのである。日本人なら、サシスセソの /シ/ だけが仲間外れだなどとは考えないし、/ワタシ/ を/ワタスィ/ のように発音しても少し変なだけで、意味は変わらないが、英語話者にとっては、[ɕi]と[si]は、別の音韻 /ʃi//si/ に聞こえるのである。
「シ」と「ヒ」	/シ/[ɕ] は、硬口蓋摩擦音の /ヒ/[ç] と調音点が近接しており、「しち〜ひち」「布団を<u>し</u>く〜<u>ひ</u>く」等、両者の混同が多く見られる。実際、図14・図12で見ても差はほとんどないが、/ス//シ//ヒ/ それぞれの口構えで息を吸うと、調音点の微妙な違いがあるのがわかる。
無声破擦音	/タ//テ//ト/ と /ダ//デ//ド/ は**歯茎-破裂音** [t][d]（図3）だが、/ツ/[ts] は、ヘボン式で"tsu"と書くことからもわかるように、[t] の破裂の直後に摩擦 [s] が響き、2段階で1子音のようになる音、**歯茎-破擦音**[ts] である。/チ/

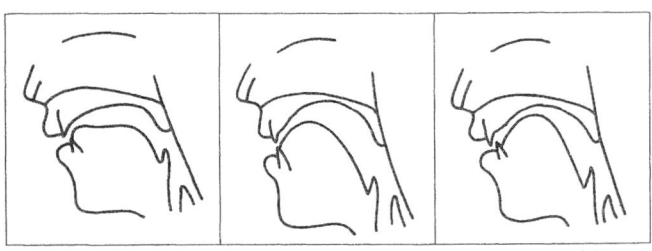

図5　歯茎摩擦音　　図14　歯茎硬口蓋摩擦音　　図12　硬口蓋摩擦音

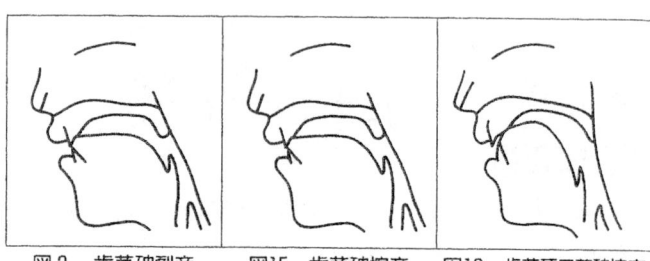

図3　歯茎破裂音　　図15　歯茎破擦音　　図16　歯茎硬口蓋破擦音

/チャ//チュ//チョ/ も破擦音だが、調音点はもっと後ろ寄りの**歯茎硬口蓋-破擦音**[tɕ] (図16)。図15や16は、最初の閉鎖の段階で、実際には、/ツ/ では、図15の [t] の破裂とほぼ同時に図5の [s] の口構えになり、摩擦音を生じる。

有声破擦音　　ザ行の調音点は、サ行と対応して、/ザ//ズ//ゼ//ゾ/ が**歯茎音**、/ジ//ジャ//ジュ//ジョ/ が**歯茎硬口蓋音**。だが、**調音法は常に摩擦音ではなく、破擦音 [dz][dʑ] になったり、摩擦音 [z][ʑ] になったりする**。つまり、破擦と摩擦という調音法の違いは、無声音の [ts] と [s] では、意味の区別に役立つが、有声音の [dz] と [z] では、意味の区別に役立たない。

	歯茎音		歯茎硬口蓋音		硬口蓋音	
破裂音	[t]	[d]				
破擦音	[ts]	[dz]	[tɕ]	[dʑ]		
摩擦音	[s]	[z]	[ɕ]	[ʑ]	[ç]	[j]

表5　子音表 (5)

四つ仮名の混同　　「じ」「ず」「ぢ」「づ」を**四つ仮名**というが、ヂヅ類は、室町時代ごろまでは、破裂音 [d] で発音され、/ジ//ヂ/、/ズ//ヅ/ の間で意味が区別されていた。だが、破裂音 [d] が破擦音 [dz] に変化することで、それぞれに混同が生じ、現在では、高知、宮崎等の方言を除いて区別を失っている。

音声的対応　　つまり /ヂ/ は、/ジ/ と同じ歯茎硬口蓋-破擦(摩擦)音、/ヅ/ は、/ズ/ と同じ歯茎-破擦(摩擦)音である(以下、音韻表記は /ジ//ズ/ で代表させる)。無声と有声の関係では、歯茎硬口蓋-破擦音 [tɕ]/チ/ は、[dʑ]/ジ/ 類と対をなし、歯茎-破擦音 [ts]/ツ/ は、[dz] /ズ/ 類と対をなす。以上を

[t] タ		テ ト	ダ		デ ド	[d]
[ts]	ツ		ザ	ズ ゼ ゾ		[dz]
[tɕ] チャ チ チュ		チョ	ジャ ジ ジュ		ジョ	[dʑ]
[s] サ		ス セ ソ	ザ	ズ ゼ ゾ		[z]
[ɕ] シャ シ シュ		ショ	ジャ ジ ジュ		ジョ	[ʑ]

表6　サ行・タ行・ザ行・ダ行の対応

整理したものが、表6である。

環境による変化　では、ザ行は、摩擦音と破擦音という二つの顔を、どう使い分けているのだろうか。これは、環境によるのである。個人差はあるが、/かず//きじ/等の母音間では**摩擦音** [z][ʑ]、/ざっし//じかん/ 等の語頭や、/しんぞう//かんじ/ 等の /ン/ の後、/グッズ//エッジ/ 等の /ッ/ の後では、破擦音 [dz][dʑ] になる。つまり、単独で「ザ」と発音する場合は破擦音なので、摩擦音のサ行と、[z] 対 [s] のような、調音上の対応関係を常に保つわけではない。

後部歯茎音　英語の"sh"等 [ʃ][tʃ][ʒ][dʒ] は、国際音声記号では「後部歯茎音（硬口蓋歯茎音）」という。調音点が歯茎寄りで、唇の円めも伴うため、音色が深く響く。/シ//チ//ジ/ [ɕ][tɕ][ʑ][dʑ] は、[ʃ][tʃ][ʒ][dʒ] より調音点が後ろ寄りで、前舌が前部硬口蓋に接近（接触）する音である（「歯茎硬口蓋音」は硬口蓋音の一種）。二言語間の対照研究を行い、微妙な差異に着目する際には、/シ//チ//ジ/ には [ɕ][tɕ][ʑ][dʑ] を用いるべきだが、特殊な記号であるため、簡略的に [ʃ][tʃ][ʒ][dʒ] で表記することも多い。

歯摩擦音　歯並びの悪い人や、若い女性には、サ・ザ行全般を歯茎音ではなく、歯音 [θ][ð]（図17）で調音する人がある。歯-摩擦音は、英語で「舌先をかめ」と習う"th"と同じ音である。

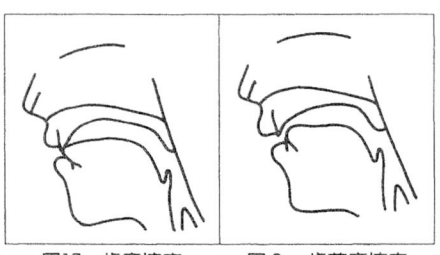

図17　歯摩擦音　　図3　歯茎摩擦音

基本問題

問題1 【CDのTrack17を聞いてください】
男性と女性の発音の調音点が同じだったら〇を、違ったら×を空欄に書け。

(1)____ (2)____ (3)____ (4)____ (5)____ (6)____

問題2 【CDのTrack18を聞いてください】
男性と女性の発音の調音法が同じだったら〇を、違ったら×を空欄に書け。

(1)____ (2)____ (3)____ (4)____ (5)____

☺解き方のヒント☺

ザ行音は、語頭では破擦音、語中田音間では摩擦音になりやすい。つまり、逆の発音をしているものは、語頭なのに緩んでいるような感じがしたり、語中なのに引っ掛かるような感じがするはず。

問題3 【CDのTrack19を聞いてください（2度ずつ流れます）】
文の最初の拍を発音している状態として、最も適当なものはどれか。a～dの中から一つ選べ。

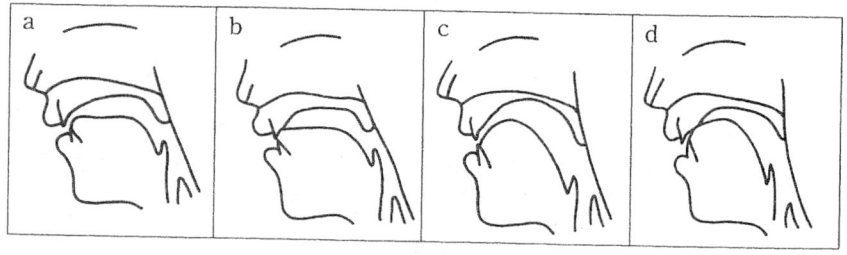

(1)____ (2)____ (3)____ (4)____ (5)____

解答　問題1　(1)〇　(2)×　(3)×　(4)〇　(5)×　(6)〇
　　　問題2　(1)〇　(2)×　(3)〇　(4)〇　(5)×

問題3　(1) b　(2) c　(3) b　(4) a　(5) d

解説

問題1　(1)「え、CIAって何」　　歯茎 /スィ/ と歯茎 /スィ/ で、同じ。
　　　　(2)「漢字のCAI」　　　　歯茎硬口蓋 /シ/ と歯茎 /スィ/ で、異なる。
　　　　(3)「それはCAIでしょ」　歯茎 /スィ/ と歯茎硬口蓋 /シ/ で、異なる。
　　　　(4)「CIAじゃないの？」　歯茎硬口蓋 /シ/ と歯茎硬口蓋 /シ/ で、同じ。
　　　　(5)「CIAは違うって」　　歯茎 /スィ/ と歯茎硬口蓋 /シ/ で、異なる。
　　　　(6)「ああ、CAIなんだ」　歯茎 /スィ/ と歯茎 /スィ/ で、同じ。

問題2　(1)「よくつづきますね」　/ズ/ が、摩擦と摩擦で、同じ。
　　　　(2)「そこのくずかごです」/ズ/ が、摩擦と破擦で、異なる。
　　　　(3)「なかなか気づかない」/ズ/ が、摩擦と摩擦で、同じ。
　　　　(4)「今日のおそうざい」　/ザ/ が、破擦と破擦で、同じ。
　　　　(5)「ぞっとしないねえ」　/ゾ/ が、摩擦と破擦で、異なる。

　　　　/ジ//ズ/ 類と /ヂ//ヅ/ 類には、発音の別はない。仮名遣いに惑わされないように。しかし、聞き取りのコツとしては、有声破擦音 [dʑ][dz] のほうを、「チャ行」「ツァ行」が濁った「ヂャ行」「ヅァ行」という気持ちで聴くとよい。つまり破擦音で調音された「おそうざい」を、「おそうづぁい」のように考えるのである。自分で発音して練習する際も、「おそうつぁい」から入って「濁らせる」ようにするとわかりやすい。

問題3　(1) ざっしに載ってたお店です。
　　　　(2) しょうかいしてください。
　　　　(3) つけものは、ダメなんです。
　　　　(4) さしみは、ダメなんです。
　　　　(5) ちょっとあの問題はねえ。

応用問題

問題1　【CDのTrack20を聞いてください（2度ずつ流れます）】
　男性と女性の発音の相違点として、最も適当なものはどれか。a〜d の中から一つ選べ。

a．調音点　　b．調音法　　c．声帯振動と調音法　　d．声帯振動

(1)____　(2)____　(3)____　(4)____　(5)____　(6)____

問題2　次の文章を読み、問いに答えよ。

　ローマ字表記法を、訓令式とヘボン式で比べると、いくつかつづり方の異なる個所がある。例えば、タ・チ・ツ・テ・ト・チャ・チュ・チョは、
　　訓令式　　ta ti tu te to　tya tyu tyo
　　ヘボン式　ta chi tsu te to　cha chu cho
となっている。ヘボン式のほうは、タ・テ・トが（ ① ）、チ・ツ・チャ・チュ・チョが（ ② ）であることを、表記の区別に反映させているわけである。
　ダ・ヂ・ヅ・デ・ド・ヂャ・ヂュ・ヂョは、
　　訓令式　　da zi zu de do　zya zyu zyo
　　ヘボン式　da ji zu de do　ja ju jo
となっており、やはりダ・デ・ドが（ ③ ）、それ以外の拍が（ ④ ）で異なっていることが表されている。ちなみに、ザ・ジ・ズ・ゼ・ゾ・ジャ・ジュ・ジョは、
　　訓令式　　za zi zu ze zo　zya zyu zyo
　　ヘボン式　za ji zu ze zo　ja ju jo
となり、訓令式とヘボン式とでつづりは異なるものの、ダ行とザ行で、ヂヅとジズ等に同じつづりを用いる点は、同じである。
　これは、ヂヅとジズ等に発音の区別がないためである。ジズ・ヂヅは、語頭では（ ⑤ ）、語中の母音間では（ ⑥ ）に近くなる傾向がある。また、語中でも[　A　]では（ ⑤ ）になりやすい。これは、ザ・ゼ・ゾでも同じで、つまりサ行は（ ⑦ ）であるが、ザ行のほうは単独で発音する限り（ ⑧ ）である。従って、サ行とザ行は、[s]対[z]のような無声音対有声音で、常に調音法がきれいに対応するわけではない。

問1　（ ① ）～（ ⑧ ）に入れるのに適当な語句を、次のa～jから選べ。同じものを何度選んでも構わない。
　　a．破裂(閉鎖)音　b．摩擦音　c．破擦音　d．鼻音　e．両唇音
　　f．唇歯音　g．歯茎音　h．硬口蓋音　i．軟口蓋音　j．声門音

問2　［A］内に入れるのに適当な語句を、次の選択肢から選べ。
　　a．無声化した「イ」「ウ」の後　　b．無声化しない「イ」「ウ」の後
　　c．特殊拍「ン」「ッ」の後　　　　d．特殊拍「ー」(長音) の後
　　e．語末拍

◎解き方のヒント◎

　問1の①や③に「歯茎音」を入れると、同じ歯茎音である /ツ//ズ/ 等が歯茎音に含まれなくなってしまう。従って、ここは調音法を問題としていると解釈することになる。
　問2のダミー選択肢は、要するに「母音の後」ということをややこしく言い換えているだけである。用語に惑わされないように。

解答
問題1　(1) b　(2) c　(3) a　(4) d　(5) b　(6) c
問題2　問1　① a　② c　③ a　④ c　⑤ c　⑥ b　⑦ b　⑧ c
　　　　問2　c

解説
問題1
(1) 男：では、ちかいの言葉です　　女：しかい　　　　調音法
(2) 男：今日は、じけんがあった　　女：しけん　　　　声帯振動と調音法
(3) 男：そうだったんですか　　　　女：(歯音 [θoː]) 調音点
(4) 男：ゆうしょうを大切に　　　　女：ゆうじょう　　声帯振動
(5) 男：これにしちゃおうよ　　　　女：ししゃおう　　調音法
(6) 男：かんぞうはどうですか　　　女：かんそう　　　声帯振動と調音法

/カンゾー/ と /カンソー/ とでは、厳密には /ン/ も異なっているが、ここではそれは問題にしない。詳しくは第4章第2課で。

問題2　ここで述べたことは、典型的な話であって、実際には、ザ行の発音には、個人差・場面差があり、母音間でも破擦音のままだったり、閉鎖の弱い弱破擦音だったりすることは多い。聴解試験の本試験でも、「語中だから摩擦音」という公式を当てはめて安心したりすることのないように。

要点整理-1　国際音声記号表

ここまでで述べてきたことを、**調音点・調音法・声帯振動**の三つの観点からまとめてみよう。まずは、基本的な問題。

問題

次の用語は、調音点名か、調音法名か。分類せよ。

鼻音　接近音　軟口蓋音　閉鎖音　弾（はじ）き音　声門音　破裂音
硬口蓋音　摩擦音　歯茎音　破擦音　歯茎硬口蓋音　両唇音

一つでもわからなかった人は、以下の説明を読んでよく復習すること。

　p.186の一覧表は、**国際音声記号表**を少々改造して、日本語に関係する子音を整理したものである。横並びが調音点の違いを表し、縦並びが調音法の違いを表す。このようにズラッと並んだ記号や断面図を見ると、それだけでめまいがして、音声学が嫌いになってしまう人が多いのだが、この表の縦横の関係を理解し、基本的なところを押さえれば、2音の違いを考える際、頭を整理できるようになるから、ひとつ頑張ってほしい。

　調音点や調音法は、名称を棒暗記するだけでなく、断面図をビジュアルに理解し、舌面の形状など、「点」以外にも留意することが大切である。勉強のためのさまざまな工夫を、以下に挙げておく。

・この一覧表の拡大コピーをとり、家の中の至る所にはる。
・この一覧表の縮小コピーをとり、手帳に挟んで常に持ち歩く。
・この一覧表のコピーをとって、各図を単語カードにはり、裏に名称を書いて電車の中で勉強する。
・この一覧表の拡大コピーをとって切り取り、友達と一緒にカルタ遊びをする（読み手は、名称を言ってもよし、この本の問題のように「にほんご」の「に」と言ってもよし）。2部コピーをとって、ババヌキや神経衰弱で遊ぶのもよい。

調音点…吐く息を妨げる場所

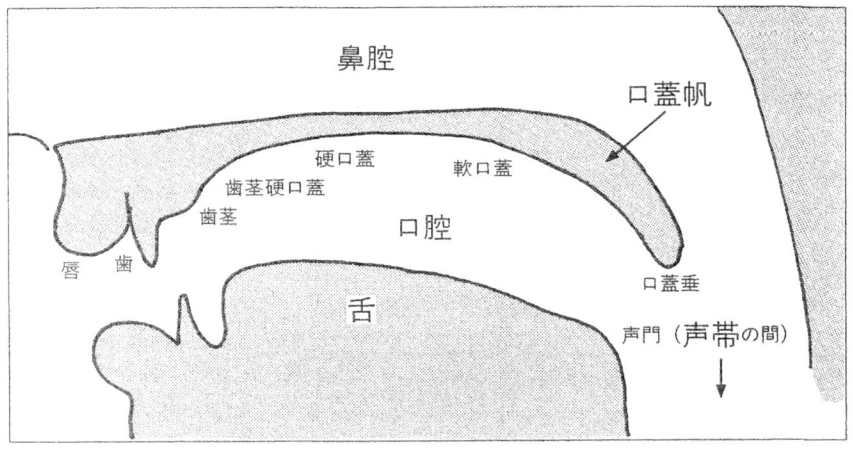

　一番前が、上下の唇、**両唇**。パ・バ・マ等を調音する個所。
　歯の後ろが**歯茎**。サ・ザ・タ・ダ・ナ・ラ等。サ・ザ・タ・ダは、名称としては歯茎音というが、歯と歯茎の境あたりを調音点と見ることが多い。
　歯茎の少し後ろを舌先で触ると、歯茎のデコボコした部分が、ツルツルに変わる個所がある。この一番えぐれた高くなっている個所が、ヒャ・ヤ等を調音する**硬口蓋**で、その少し手前は、シャ・ジャ等を調音する**歯茎硬口蓋**。歯茎硬口蓋は硬口蓋の一部で、前部硬口蓋ということもある。
　さらに後ろを、吐かない程度に舌先で探っていくと、カ・ガ・ワ行を調音する**軟口蓋**がある。軟口蓋がやわらかいのは、骨がないからである。骨がないから上下に動き、鼻腔に呼気を送る際のゲートの役割をするが、その軟口蓋後部および**口蓋垂**を、口蓋帆という。
　肺に一番近いのが、/ハ//ヘ//ホ/ を調音する**声門**。のど元の声帯の間である。

調音法…吐く息を妨げる方法

　声門から唇にかけてのどこか一部を閉じて息をため、破裂させる瞬間的な音 [p] [d] [k] 等が、**破裂音（閉鎖音）**。この、息をどれぐらいためるかで、「有気音と無気音」の違いが生じる。p.186の一覧表を見ると、2段目の断面図に共通するのは、どこか一部が閉じていることである。
　鼻腔にも呼気を通す [m] [n] 等が、**鼻音**。口腔と鼻腔を隔てる部位は、口

蓋帆と言うが、1段目と2段目の図の違いは、この開閉の違いである。
　摩擦的騒音（操音）を含む持続的な［z］［ç］［h］等が、**摩擦音**。2段目と3段目の図を比べると、3段目のほうは閉鎖音と同じ調音点で少しすき間が開き、そこからスーッと息が漏れていることがわかる。
　破裂の直後に摩擦音が響き、全体で1子音のようになる音が、**破擦音**。表の2段目では、破擦音が閉鎖音と同じ図で表されているが、実際は、例えばツ［ts］では、破裂と同時に摩擦音［s］の口構えになる。
　摩擦音より狭めが緩く、性質が極めて母音に近い音が、**接近音**。半母音［j］［w］は、接近音の一種である。
　舌などが弾く動きが見られるものが、**弾き音**。

声帯振動…声が出るか出ないか

　［b］［d］［z］［j］［w］［n］［m］…のように声帯振動のある子音を、**有声音**、［p］［t］［k］［s］［h］…のように声帯振動のない子音を、**無声音**という。p.186の表では、記号が複数並んでいる場合、右が有声音。記号が一つしかない場合は、声門破裂音を除き、すべて有声音。
　以下の表のように、カ・サ・タ・ハ・パ行と他の行の拍を比べていたら、とにかく「声帯振動」が選ばれる。よって、「/タ/ と /ラ/ の違いは？」と問われたら、「調音法と声帯振動」と答え、「/ダ/ と /ラ/ の違いは？」と問われたら、「調音法」のみと答える。ハ行・バ行・パ行の拍の、調音点・調音法の対立のズレには要注意。また、サ行・ザ行も、母音間かどうかで調音法が異なることがある。
　母音の無声化の有無も、「声帯振動」が正解に選ばれる。有声音である母音が無声音になるから「無声化」というのである。

母音、接近音	ア行、ヤ行、ワ行	
鼻音、弾き音	ナ行、マ行、ラ行	
破裂音、破擦音、摩擦音	ガ行、ザ行、ダ行、バ行	カ行、サ行、タ行、ハ行、パ行
	有声音	無声音

第3章 耳を鍛えよう

・第1課・ 拗音（ようおん）

(関連：H3〜9聴解3,4、H5筆記I-1、H3筆記I-12)

この課のねらい

・イ段の拍と拗音拍の子音に関する共通性を押さえる。
・基本的な調音点、調音法および音声記号を正しく覚える。

調音者

　ここまでで述べてきた「調音点」とは、調音時にあまり動かない上あごの部位に関する名称だが、実際には、上唇には下唇、歯茎には舌先（舌尖と舌端）、硬口蓋には中舌面、軟口蓋には後舌面…のように、よく動く下あご方面の部位が調音に関与している。この、下唇や舌等の部位を総称して「調音者（能動的調音体）」と呼ぶ。

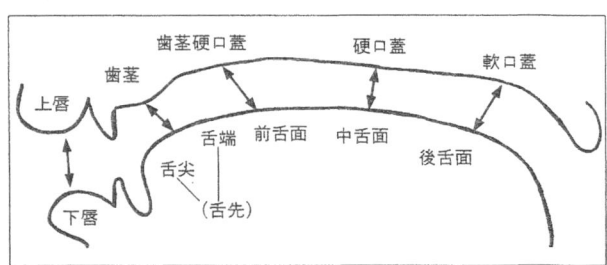

図1　調音点と調音者

口蓋化

　例えば、/カ/というつもりで、破裂前の口構えで止め、子音の調音点を考えてみると、軟口蓋に後舌面が接触することがわかる（わからない人は、指かはしを口に突っ込んでやってみよう）。この場合、軟口蓋が調音点、後舌面が調音者である。次に、/キ/で同じことをやると、/キ/のほうが、/カ/より舌の中程が盛り上がり、接触面が前寄りになる。/キ/と言うときは、子音の段階から、次に来る[i]の準備をしているのである。このように、子音調音時に、舌面が硬口蓋に向かって持ち上がる現象を、**口蓋化**（硬口蓋化）という。

調音点の整理

　イ段の子音はすべてこの特徴を有し、直音の他の子音と音色が変わる。ここまでの子音についてまとめてみると、

	両唇音	歯茎音	硬口蓋音 (前舌面) (中舌面)	軟口蓋音	声門音
		[m] →	[ɲ]		
	[p] [b]	[t] [d]		[k] [g]	
		[ts][dz]→	[tɕ][dʑ]		
		[s] [z] →	[ɕ] [ʑ] [ç] ←		[h]
			[j]		

表1 子音の口蓋化

/ス/[s]、/ツ/[ts]、/ズ/[dz][z] に対して /シ/[ɕ]、/チ/[tɕ]、/ジ/[dʑ][ʑ]は、歯茎硬口蓋で調音される。ハ行イ段の/ヒ/[ç]は、硬口蓋音。ナ行イ段の /ニ/[ɲ]も、硬口蓋音(図6)である。つまりイ段の子音は、すべて調音点が硬口蓋方面にズレこむことがわかる(歯茎硬口蓋は硬口蓋の前部)。

イ段と拗音　拗音拍の /キャ//キュ//キョ//シャ//シュ//ショ/ …の子音も、舌が硬口蓋に向かって盛り上がった状態で調音される。直音のイ段子音は、音声学的には拗音に近く、調音点から行を組分けすると、直音イ段と拗音には、同じ子音が用いられることになる。イ段・エ段がない直音のヤ行は、**ア行の拗音**のようなもので、母音 [i] は、硬口蓋音 [j] とほぼ同じ口構えで調音されている。いうなれば、口蓋化とは、後続母音 [i] による調音点同化である。

①ずれないもの　ただし、すべてのイ段子音が硬口蓋音になるわけではない。/ピ//ビ//ミ//リ//キ//ギ/ は、舌が盛り上がっても主要調音点は変わらない。例えば [p][b][m] の調音点は、やはり両唇なので、/ミ/[mi]、/ミャ/[mja]と表記する。これは、一言語の記述に差し当たり必要な区別をする「**簡略表記**」の話だが、二言語間の対照研究など、より細かい違いを記述する必要があるときは、「**精密表記**」で子音の右肩に補助記号 [ʲ]を添え、[mʲi][mʲa]([mʲja]とも)と表記する。

②ずれるもの　/シ//チ//ジ//ニ//ヒ/ は、**主要調音点が歯茎硬口蓋や硬口蓋にある**硬口蓋音なので、[ɕ][tɕ][dʑ][ʑ][ɲ][ç]の記号を当てる。精密表記でも [ʲ] は必要ない。つまり、/シ/等は歯茎硬口蓋音、/スィ/ 等は歯茎音の口蓋化子音で、両者は調

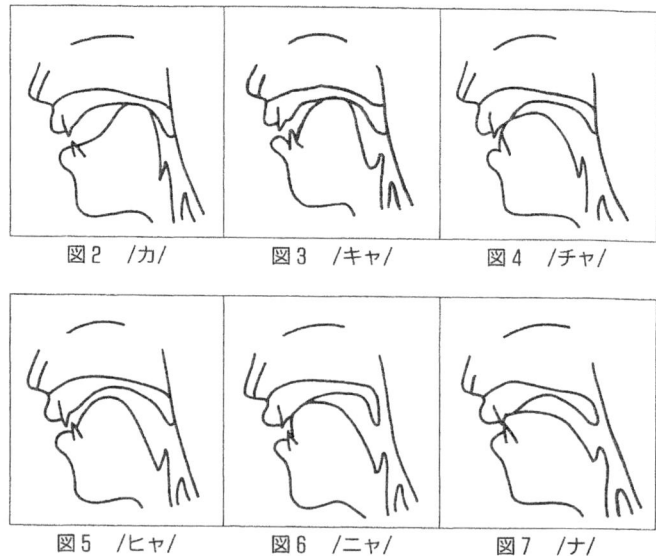

図2 /カ/　　図3 /キャ/　　図4 /チャ/

図5 /ヒャ/　　図6 /ニャ/　　図7 /ナ/

音点が異なる(ただし、後続音の影響で音が変わる点をとらえ、これらイ段音全般を「口蓋化子音」と称することもある)。

カ行の解釈　　イ段子音をどの調音点と解釈するかには、異説も多い。例えば、/キ//ギ/ には、主要調音点を硬口蓋と解釈し、硬口蓋-破裂音 [c][ɟ] (図3) を当てる説もある。実際、ある種の子音は硬口蓋音で(ときに /チ//ジ/ に近く)調音されている。

ナ行の解釈　　/ニ/ は、前舌面～中舌面が歯茎～硬口蓋に広く接触し、硬口蓋音の [ç] (図5) よりは前寄りで、むしろ図4の [tɕ] に近い。しかし、国際音声記号には歯茎硬口蓋-鼻音の記号がないため、ナ行の口蓋化子音 [nʲi] と見なしたり、記号は [ɲ] を用いながら**歯茎硬口蓋-鼻音**と称したりすることも多い。

異説の扱い　　この辺りの解釈は難しいが、要は、いずれも舌の上あごへの接触が他子音と異なり、調音点が硬口蓋寄りになるという原理を押さえることである。本書では、/キ/ を軟口蓋音、/ニ/ を硬口蓋音と称するが、その実態は、/キ/ は軟口蓋～硬口蓋、/ニ/ は硬口蓋～歯茎硬口蓋を「調音域」とする子音と解釈し、p.189の一覧表では、調音点枠を取り払っておく。

基本問題

問題1 【CDのTrack21を聞いてください】
　　女性と男性の発音の調音点が同じだったら○を、違ったら×を空欄に書け。
(1)____　(2)____　(3)____　(4)____　(5)____

問題2 【CDのTrack22を聞いてください（2度ずつ流れます）】
　　男性と女性の発音の相違点として、適当なものはa、bのどちらか。
　a．調音点　　b．調音法
(1)____　(2)____　(3)____　(4)____　(5)____

問題3　問1　縦横の関係を考えながら、断面図a、b、c、dに舌をかき込め。

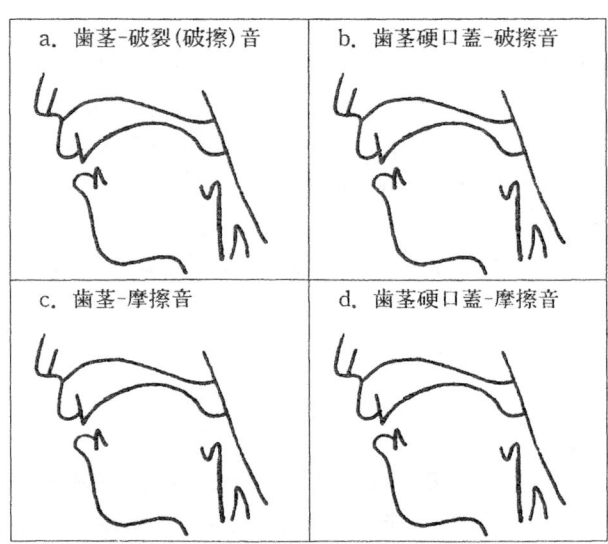

　　問2　次のおのおのの拍は、a～dのどの図で表されるか。
　　　　①ツ____　②ト____　③シャ____　④スィ____
　　　　⑤テ____　⑥チ____　⑦チェ____　⑧セ____

😊解き方のヒント😊

図a…舌先が歯と歯茎の境に接触する破裂音(破擦音)
図b…前舌が歯茎硬口蓋に接触する破擦音
図c…舌先が歯と歯茎の境に接近する摩擦音
図d…前舌が歯茎硬口蓋に接近する摩擦音

解答
問題1　(1)×　(2)○　(3)×　(4)○　(5)○
問題2　(1)a　(2)a　(3)a　(4)a　(5)a
問題3　問1

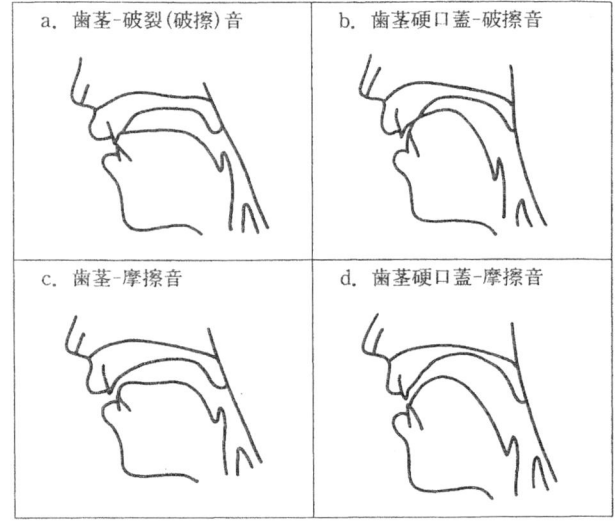

問2　①a　②a　③d　④c　⑤a　⑥b　⑦b　⑧c

解説
問題1
(1)女：にんしきが難しい　男：ぬぃんしき　　硬口蓋と歯茎で違う。
(2)女：　男：ついにひろったよ！　　硬口蓋同士で同じ。
(3)女：どう？　このモヒカン　男：モシカン　　硬口蓋と歯茎硬口蓋で違う。
(4)女：　男：くしだけの問題じゃない　　歯茎硬口蓋同士で同じ。
(5)女：　男：じかんがないんですけど　　歯茎硬口蓋同士で同じ。

問題2
(1)男：この字、しるって読むの？　女：すぃる　歯茎硬口蓋と歯茎
(2)男：かすですか　　女：かしゅ　歯茎と歯茎硬口蓋

(3)男：<u>つう</u>しんです　　　　女：<u>ちゅう</u>しん　歯茎と歯茎硬口蓋
(4)男：<u>ジェッ</u>ト団でしたね　女：<u>ゼッ</u>ト　　　歯茎硬口蓋と歯茎
(5)男：そういう<u>ひと</u>なんです　女：<u>しと</u>　　　硬口蓋と歯茎硬口蓋

すべて調音点の違い。引っ掛かって調音法を選ばないように。直音と拗音の対応を基本として、イ段は拗音組に含み、歯茎硬口蓋音の拗音組のほうが調音点が後ろ寄りになる、ということを覚えておこう。

	歯茎音	歯茎硬口蓋音
破擦音	ツ	チャ　チ　チュ　　チョ
摩擦・破擦音	ザ　ズ　ゼ　ゾ	ジャ　ジ　ジュ　　ジョ
摩擦音	サ　ス　セ　ソ	シャ　シ　シュ　　ショ

ところで、ここには随分と空欄があるが、ここに外来語音が入ると、5母音と対応する拍が、きれいに埋められることがわかる。つまり外来語音とは、全く新しい子音を輸入したものではなく、もともと日本語にあった音を利用して、新たな子音と母音を組み合わせたものなのである。

	歯茎音	歯茎硬口蓋音
破擦音	ツァ　ツィ　ツ　ツェ　ツォ	チャ　チ　チュ　<u>チェ</u>　チョ
摩擦・破擦音	ザ　<u>ズィ</u>　ズ　ゼ　ゾ	ジャ　ジ　ジュ　<u>ジェ</u>　ジョ
摩擦音	サ　<u>スィ</u>　ス　セ　ソ	シャ　シ　シュ　<u>シェ</u>　ショ

問題3　断面図を覚えるには、自分でかいてみるのが一番である。抽象的な調音点・調音法の名称を暗記して安心するだけではなく、具体的な、ビジュアルなイメージとともに覚えるようにしよう。

応用問題

問題1　【CDのTrack23を聞いてください（2度ずつ流れます）】
　　男性と女性の発音の相違点として、最も適当なものはどれか。a〜dの中から一つ選べ。
　　a．調音点と声帯振動　　b．調音点と調音法
　　c．調音法と声帯振動　　d．声帯振動

(1)____　(2)____　(3)____　(4)____　(5)____　(6)____

問題2　【CDのTrack24を聞いてください(2度ずつ流れます)】

日本語の学習者が短い日本語文を読んでいる。それぞれの文の、特に下線を引いた部分には、発音上の誤りが観察されるが、その誤りの特徴を、選択肢a～dの中から一つ選べ。例えば、

例：コンサートニ行キマシタ。

で、この/サ/を/シャ/のように言っていたら、/シャ/の子音では前舌が硬口蓋前部に接近し、おおむねaのようになるので、答えはaである。

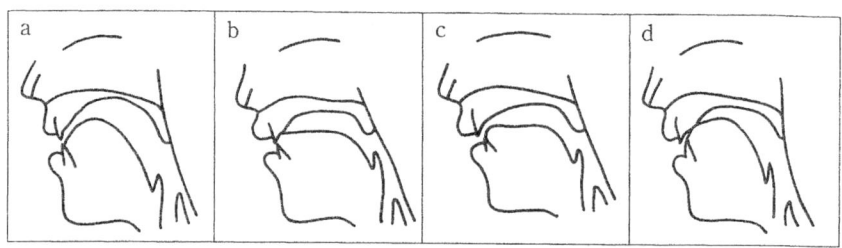

1番：キノウノ夜ワ、ア<u>ツ</u>カッタデスネ。　　　　　　　　　　（　）
2番：バ<u>ショ</u>ガアリマセンデシタ。　　　　　　　　　　　　（　）
3番：<u>ザ</u>ンネンデシタネ。　　　　　　　　　　　　　　　　（　）
4番：コレ、<u>ツ</u>カッテモイイデスカ。　　　　　　　　　　　（　）
5番：「オバアサン、ドウゾ」ト、ウンテン<u>シュ</u>ガ言ッタ。（　）
6番：ワタ<u>シ</u>モ、ソウ思イマス。　　　　　　　　　　　　　（　）

解答　問題1　(1)d　(2)b　(3)a　(4)d　(5)b　(6)c
　　　　問題2　1番d　2番c　3番d　4番c　5番d　6番d

解説　問題1　(1)男：あ<u>れがこうしえんだ</u>（無声-歯茎硬口蓋-摩擦音）
　　　　　　　女：　　こう<u>じ</u>えん　　（有声-歯茎硬口蓋-摩擦音）で、声帯振動。
　　　　　(2)男：<u>チ</u>ンピラじゃないか（無声-歯茎硬口蓋-破擦音）
　　　　　　　女：<u>キ</u>ンピラ　　　　　（無声-軟口蓋-破裂音）で、調音点と調音法。
　　　　　　/キ/の調音点には、硬口蓋音という異説があるが、軟口蓋でも硬口蓋でも、調音点は/チ/とは異なる。調音法も異なるところがポイント。

(3)男：むじですか？（有声-歯茎硬口蓋-摩擦音）
　　女：ム<u>ヒ</u>　　　　（無声-　硬口蓋　-摩擦音）で、
　　　　調音点と声帯振動。
(4)男：<u>じ</u>かくがありません（有声-歯茎硬口蓋-破擦音）
　　女：<u>ち</u>かく　　　　　（無声-歯茎硬口蓋-破擦音）で、
　　　　声帯振動。
　　/ジ/は語頭で破擦音で調音されている。1番の問題と併せて、ザ行の摩擦・破擦には特に注意を要する。
(5)男：日本代表ティーム（[ti]無声-歯茎-破裂音）
　　女：　　チーム（[tɕi]無声-歯茎硬口蓋-破擦音）で、
　　　　調音点と調音法。
　　/タティトゥテト/は、歯茎-破裂音。/チャチチュチェチョ/は、歯茎硬口蓋-破擦音。5母音との対応で調音点と調音法を押さえておこう。
(6)男：むずかしい問題（有声-歯茎-摩擦音）
　　女：むつかしい　　（無声-歯茎-破擦音）で、
　　　　調音法と声帯振動。
　　/ズ/は母音間で摩擦音となっている。/ツ/の母音も無声化しているが、解答に「声帯振動」が含まれるので、それは考慮しなくていい。

問題2　1番：「暑かった」の/ツ/が、/チュ/または/チ/に聞こえるので、前舌が前部硬口蓋に接触するdが一番近い。
　　　2番：「場所」の/ショ/が/ソ/に聞こえるので、舌先が歯と歯茎の境に接近するcが一番近い。
　　　3番：「残念」の/ザ/が/ジャ/に聞こえるので、前舌が前部硬口蓋に接触するdが一番近い。
　　　4番：「使って」の/ツ/が/ス/に聞こえるので、舌先が歯と歯茎の境に接近するcが一番近い。
　　　5番：「運転手」の/シュ/が/チュ/に聞こえるので、前舌が前部硬口蓋に接触するdが一番近い。
　　　6番：「わたし」の/シ/が/チ/に聞こえるので、前舌が前部硬口蓋に接触するdが一番近い。

　　　この、四つの選択肢を用いて/シ//ス//チ//ツ/の関係を問う問題は、毎年必ず出される。確実に点が取れるポイントなので、しっかり押さえておこう。

・第2課・環境による音声変化

この課のねらい　（関連：H3〜9聴解3,4、H7筆記I-3、H7筆記II-6）

- さまざまな子音の異音に何があるかを知る。
- 基本的な調音点、調音法の名称および音声記号を正しく覚える。

ガ行鼻濁音	ガ行の子音は、東京方言の伝統的な発音では、 　/ガラス/ のような語頭では、軟口蓋-破裂音［ga］ 　/ながい/ のような語中では、軟口蓋-鼻音［ŋa］ となる傾向がある。後者を俗に「(ガ行)鼻濁音」と呼び、仮名で発音を表す際、「カ゚」のように書くことがある。
鼻濁音の規則	鼻濁音は、外来語を除き、「あがる」「すぐ」のような単純語や、「小学校」「赤組」のような複合の度合いが強い語の語中のガ行音に起こりやすい。つまり、語中でも、 　「平成＋元年」「お＋元気」などの、形態素境界の直後 　「プログラム」「コラーゲン」などの外来語 では、［ŋ］にならないことがある。
鼻腔の関与	鼻濁音の**軟口蓋-鼻音**［ŋ］(図13)は、**軟口蓋-破裂音**［g］

	両唇音	歯茎音	軟口蓋音
破裂音	図8 ［b］	図9 ［d］	図10 ［g］
鼻音	図11 ［m］	図12 ［n］	図13 ［ŋ］

(図10)と同じ口構えで鼻腔へも息を通した状態で調音される。この[g]と[ŋ]との関係は、バ行(図8 [b])とマ行(図11 [m])、ダ行(図9 [d])とナ行(図12 [n])の関係と平行的にとらえられる。図の上段と下段の違いは、鼻腔が関与するかしないかの違いである。よって、調音法の違いをもっと限定して、**鼻腔の関与**の有無ということもできる。鼻音は有声音なので、/ダ/と/ナ/の違いは「鼻腔の関与」、/タ/と/ナ/の違いは「鼻腔の関与と声帯振動」となる。

鼻母音　　母音の調音時に口蓋帆を下げ、鼻腔へ呼気を流しながら声を出すと、フランス語で有名な「鼻母音」(図14)が出る。普通に「うー」と言うのと同じ口構えで、鼻に息を抜くと「ふーん」に近くなる。この音色の違いも「鼻腔の関与」である。記号では、母音の上に[~]を付け、[ũ]と表記する。

鼻濁音の衰退　　鼻濁音は、関東以北で多く用いられるが、西ではあまり用いられない。最近では、東京でも急速に衰退し、老年層を除くと、/いがい//かがみ/等の母音間のガ行が、**軟口蓋-摩擦音**[ɣ](図16)や、**軟口蓋-破裂音**[g]になることが多い。

両唇摩擦音　　この、ガ行の[ɣ]のように、有声-破裂音が母音間で摩擦音化する現象は、バ行の**両唇-破裂音**[b]が、/かぶる//さばさば/等、母音間で**両唇-摩擦音**[β](図17)になる現象や第2章第4課の、ザ行の**破擦音**[dz]の閉鎖が母音間で緩み、**摩擦音**[z]になる現象にも見られる。

軟口蓋摩擦音　　[ɣ]に対する無声-**軟口蓋-摩擦音**[x](図16)は、心から感心して「ヘーッ！」と言うときに出る音。声門-摩擦音[h]は、ゆっくり吐いた息のような音だが、軟口蓋-摩擦音[x]は[k]と同じ調音点で、それより強く、[k]に近く響く。

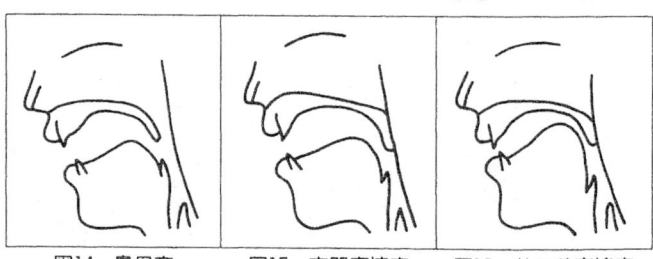

図14　鼻母音　　　図15　声門摩擦音　　　図16　軟口蓋摩擦音

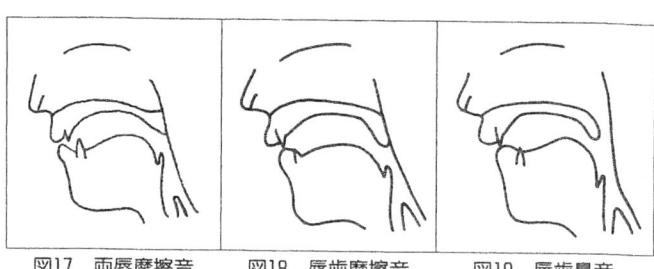

図17 両唇摩擦音　　図18 唇歯摩擦音　　図19 唇歯鼻音

| | 唇歯-摩擦音 | 英語の /f//v/ は、**唇歯-摩擦音** [f][v](図18)である。日本語でも、外来語音の /ファ//ヴァ/等に観察されることがある。それ以外でも、例えば、笑顔で歯がむき出しになった状態で「こんばんは」と言うと、偶発的に /バ/ が [va] になる。[ɸ]と[f] は、調音法は同じ摩擦音で、調音点が違う。[b]と[v]は、両唇-破裂音と唇歯-摩擦音で、調音点も調音法も違う。 |

唇歯-鼻音　　　[v]と同様、笑顔で「いらっしゃいませ」と言うと、マ行が上歯と下唇による**唇歯-鼻音**[ɱ](図19)となる。

歯茎-側面接近音　　ラ行は、基本的には**歯茎-弾き音(たたき音)**[ɾ]だが、舌が弾くように動くのは、特に母音間である。個人差はあるが、語頭や、/ン//ッ/ の後では、英語の [l] と似た、**歯茎-側面接近音(側面音)** [l] になることもある。特に若い女性の一部に、母音間でもすべて [l] になる人もある。

歯茎-震え音　　歯茎に舌先を何度も打ちつけると、**震え音** [r] が出る。ロシア語、スペイン語、インドネシア語等のほか、日本語でも、江戸っ子が「らっしゃい！」と言うと、この音が出る。

	両唇音	唇歯音	歯音	歯茎音	歯茎硬口蓋音	硬口蓋音	軟口蓋音	声門音
鼻音	[m]	[ɱ]		[n]		[ɲ]	[ŋ]	
破裂音	[p] [b]			[t] [d]			[k] [g]	[ʔ]
破擦音				[ts][dz]	[tɕ][dʑ]			
摩擦音	[ɸ] [β]	[f] [v]	[θ] [ð]	[s] [z]	[ɕ] [ʑ]	[ç] [ʝ]	[x] [ɣ]	[h] [ɦ]
接近音	([w])					[j]	([w])	
側面接近音				[l]				
弾き音				[ɾ]				
震え音				[r]				

表2　子音表

基本問題

問題1 【CDのTrack25を聞いてください】
女性と男性の発音の調音法が同じだったら○を、違ったら×を空欄に書け。

(1)＿＿　(2)＿＿　(3)＿＿　(4)＿＿　(5)＿＿

問題2 【CDのTrack26を聞いてください】
女性と男性の発音の調音法が同じだったら○を、違ったら×を空欄に書け。

(1)＿＿　(2)＿＿　(3)＿＿　(4)＿＿　(5)＿＿

問題3 【CDのTrack27を聞いてください（2度ずつ流れます）】
女性と男性の発音の相違点として、適当なものはどれか。a、b、cの中から一つ選べ。
a．調音点　b．調音点と鼻腔の関与　c．鼻腔の関与

(1)＿＿　(2)＿＿　(3)＿＿　(4)＿＿　(5)＿＿　(6)＿＿

解答
問題1　(1)○　(2)×　(3)×　(4)○　(5)×
問題2　(1)×　(2)○　(3)×　(4)×　(5)○
問題3　(1)a　(2)b　(3)c　(4)a　(5)c　(6)a

解説　問題1
(1)「だぶっちゃった」　/ブ/が、摩擦と摩擦で同じ。
(2)「いがいだなあ」　　/ガ/が、摩擦と破裂で異なる。
(3)「さぼっちゃだめ」　/ボ/が、摩擦と破裂で異なる。
(4)「だいがくせい」　　/ガ/が、破裂と破裂で同じ。
(5)「すごくきれい」　　/ゴ/が、破裂と摩擦で異なる。

　　　　p.78のザ行の聞き取りのコツと同じく、語中なのに破裂音で調音しているほうは、引っ掛かるような硬い感じがするはずである。
ザ行、ガ行、バ行は、母音に挟まれると摩擦音化する。しかし、語中でも、/ン//ッ/の後では摩擦音化しない。なぜか。一

言でいえば、そのほうが楽だからである。/g//z//b/ は、調音点のどこかが閉じる子音である。/ン//ッ/ も、どこかが閉じる子音である。しかし母音は、気流の妨害のない状態で調音される音である。口が開く母音に挟まれた子音で、いちいち口をしっかり閉じるのは労力がかかるので、閉鎖が緩むのである。第2章第3課の「唇音退化」は、唇の閉鎖が緩む方向への歴史的変化であるが、ここにも労力を軽減したい、楽に発音したいという方向への変化が見られるわけだ。

問題2　(1)「けんがくしゃはどこ？」　鼻音と破裂音で異なる。
　　　　(2)「くれぐれも気をつけて」　鼻音と鼻音で同じ。
　　　　(3)「げんしょうがくです」　破裂音・鼻音と破裂音・摩擦音で異なる。
　　　　(4)「ごじごろですね」　破裂音・破裂音と破裂音・鼻音で異なる。
　　　　(5)「かがくぎじゅつ」　摩擦音・破裂音と摩擦音・破裂音で同じ。

問題3　(1)「しない電話です」歯茎-鼻音 [n] と
　　　　「しがい」　　　軟口蓋-鼻音 [ŋ] で、調音点。
　　　　(2)「がいこう的だね」軟口蓋-破裂音 [g] と
　　　　「ないこう」　　歯茎-鼻音 [n] で、調音点と鼻腔の関与。
　　　　(3)「そろそろでようか」歯茎-破裂音 [d] と
　　　　「ねようか」歯茎-鼻音 [n] で、鼻腔の関与。
　　　　(4)「いつもすなお」歯茎-鼻音 [n] と
　　　　「すがお」軟口蓋-鼻音 [ŋ] で、調音点。
　　　　(5)「これじゃさびしい」両唇-破裂音 [b] と
　　　　「さみしい」両唇-鼻音 [m] で、鼻腔の関与。
　　　　(6)「まねないでよ」歯茎-鼻音 [n] と
　　　　「まげない」　　軟口蓋-鼻音 [ŋ] で、調音点。

応用問題

問題1　【CDのTrack28を聞いてください（2度ずつ流れます）】
　男性と女性の発音の相違点として、最も適当なものはどれか。a〜d の中から一つ選べ。

a．調音点　b．調音法　c．鼻腔の関与　d．声帯振動

(1)____　(2)____　(3)____

a．調音点　b．調音点と調音法　c．調音法　d．調音法と声帯振動

(4)____　(5)____　(6)____

[問題2]　次の文章を読み、後の問いに答えよ。
「　①　」「　②　」「　③　」などの語中のガ行や、「これが」「あるが」などの助詞の「が」は、鼻音化することがある。これを鼻濁音というが、次のような条件では、語中でも、鼻濁音にならないことが多い。
・「　④　」「　⑤　」などの外来語。特に、「バッグ」「ドッグフード」のような［　問2　］の拍の後では、鼻音化しない。
・「　⑥　」などの数詞。ただし、「　⑦　」などは鼻音化する。「　⑦　」などが、数詞というより普通名詞として定着しているからだろう。
・「　⑧　」などの同音の繰り返し。ただし「　⑨　」などは鼻音化する。「　⑨　」などが連濁によるものだからだろう。
・「　⑩　」などの接頭語の後。ただし「　⑪　」などの敬語以外の接頭語の後では、鼻音・非鼻音でゆれることがある。

そのほか、語の性質によって規則は細かくなるが、ゆれている部分が多く、完全に規則化することは難しい。また、近年では、鼻音化が生じ得る個所でも、［　問3(1)　］の［g］や、［　問3(2)　］の［ɣ］となることが多い。

問1　「　①　」～「　⑪　」に入れるのに適当な語を、a～oからそれぞれ一つずつ選べ。

a．ギャグ	b．七五三	c．大学	d．お元気	e．ぐずぐず
f．考える	g．外国	h．こりごり	i．第五回	j．ガム
k．不義理	l．ご親切	m．国外	n．ぎっしり	o．ゴーグル

問2　［　問2　］に入れるのに適当な語を、a～eから一つ選べ。
　a．撥音　b．有声音　c．促音　d．軟口蓋音　e．濁音

問3 [問3(1)][問3(2)]に入れるのに適当な語を、a〜hからそれぞれ一つずつ選べ。
　a. 硬口蓋鼻音　　b. 軟口蓋鼻音　　c. 硬口蓋破裂音　　d. 軟口蓋破裂音
　e. 声門破裂音　　f. 硬口蓋摩擦音　　g. 軟口蓋摩擦音　　h. 声門摩擦音

問4 日本語のガ行子音について述べたものとして、最も適当なものはどれか。a〜eの中から一つ選べ。
　a. 鼻音化の条件には、語種、語構成の問題もかかわる。
　b. ガ行音が語中で鼻音化するのは、調音点の同化現象である。
　c. [g]の[ŋ]化と同様、他の行でも、濁音は鼻音化することが多い。
　d. 日本語以外の言語でも、[g]が語中で[ŋ]になる現象は非常に多い。
　e. ガ行子音の鼻音化は、音声学的に最も自然な発音である。

😊解き方のヒント😊

　問1　①②③は中立的なので、最後に解答するとよい。

解答
　問題1　(1) b　(2) a　(3) c　(4) c　(5) a　(6) b
　問題2　問1　①②③（順不同）c・f・m　　④⑤（順不同）a・o　　⑥i
　　　　　　　⑦b　⑧e　⑨h　⑩d　⑪k
　　　　問2　c
　　　　問3　(1) d　(2) g
　　　　問4　a

解説　問題1　(1)「こりゃまずいよ」
　　　　　　　　歯茎-弾き音[ɾ]と歯茎-震え音[r]で、調音法。
　　　　　　(2)「はあ、さすがですね」
　　　　　　　　軟口蓋-摩擦音[x]と声門-摩擦音[h]で、調音点。
　　　　　　(3)「これだけじゃいや」
　　　　　　　　母音[i]と鼻母音[ĩ]で、鼻腔の関与。
　　　　　　(4)「どれですか」
　　　　　　　　歯茎-弾き音[ɾ]と歯茎-側面接近音[l]で、調音法。
　　　　　　(5)「フォーカスは、ソフトにね」
　　　　　　　　両唇-摩擦音[ɸ]と唇歯-摩擦音[f]で、調音点。

(6)「エル<u>ヴィ</u>スは、いつ聴いてもいいね」
両唇-破裂音［b］と唇歯-摩擦音［v］で、調音点と調音法。
　(6)のようなバ行がらみの問題は、［b］対［β］か、［b］対［v］か、どちらかの可能性が高い。p.95の子音表で確認しよう。両唇-破裂音の［b］と両唇-摩擦音の［β］なら、縦並びなので、調音法。両唇-破裂音の［b］と唇歯-摩擦音の［v］なら、斜めに並ぶので、調音点と調音法。とにかく何度も聞き取りを重ねるしかないが、［b］と［v］の区別は日本人にとって永遠の課題であり、難しい。受験テクニックとしては、ファ行やヴァ行で書かれる外来語が問題となっているときは、［f］や［v］がねらわれやすい、と考えておこう。

問題2　　鼻濁音になる語・ならない語に関しては、個人差の問題がかなり大きいが、問題で求められているのは、与えられたデータから言えることであり、知識は要求されない。問題文を注意深く読んでいけば、問1、問2は難しくない。ここから読み取れる大まかな条件は、次のようになる。

> ★環境による使い分け
> 　語頭では破裂音、語中では鼻音。/ッ/の後は破裂音。
> ★語種、語構成等による使い分け
> 　語中でも、外来語、数詞、接頭辞の後、畳語の後要素は破裂音。
> 　ただし、名詞化した数詞、連濁した畳語は、鼻音。

問1　ほかの選択肢「g. 外国」「j. ガム」「l. ご親切」「n. ぎっしり」は、すべて語頭の例である。語頭のガ行子音は鼻音化しない。
　ちなみに、外来語は鼻音になりにくいが、古くから定着している「オルガン」「イギリス」などは鼻音化するという報告もある。
問4　ほかの選択肢bは、まず「調音点の同化」が違う。これが「調音法の同化」であっても、口の開きの広い母音間で破裂音が摩擦音化するならまだしも、鼻音化するのは、同化とは考えられない。cは、確かに偶発的に、日常会話で［b］［d］などの破裂音が鼻音化し、［m］［n］に近く調音されることもあるが、「［ŋ］化と同様」ではないので、適当とはいえない。dやeの「非常に多い」「最も自然」などのような根拠のない断定的な表現は、消去法でまず落とされる。

・第3課・ 母音の分類

この課のねらい （関連：H3〜9聴解3,4、H7筆記Ⅰ-4、H6筆記Ⅰ-2、H5筆記Ⅰ-9）
・母音の分類基準について理解する。
・母音の無声化が生じる条件について詳しく学習する。

母音の分類基準

子音は、①調音点、②調音法、③声帯振動の3点から分類されるが、母音は、
　①舌の高さ…舌の盛り上がりが高いか低いか
　　　　　　（＝口の開きが大きいか小さいか）
　②舌の前後の位置…舌の最高点が前寄りか後寄りか
　③円唇性…唇が円められるかそうでないか
の3点から分類される。母音は子音と違い、調音器官による気流の妨げが起こらないので、舌の最高点がどこにあるのかを、①と②の座標で示すのである。日本語の母音を三角体系でまとめると、図20になる。

舌の高さ

舌の高さにより、母音図の縦並びの違いを表す。舌の盛り上がる高さによって「高母音」「中母音」「低母音」に分類する(図20)。あごに手を当てながら、「イーエーアー」と連続して発音すると、徐々に口が開いていくことがわかる。つまり舌の高さは口の開き具合と同義なので、**開口度**ともいう。国際音声記号の母音図は、図21のように、4段×3列の四角体系になっており、上から、「**狭母音：半狭母音：半広母音：広母音**」という。日本語の /エ//オ/ は、この「半狭」

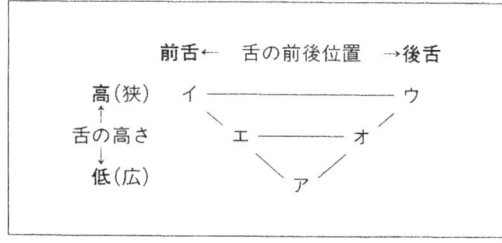

図20　舌の高さと前後位置

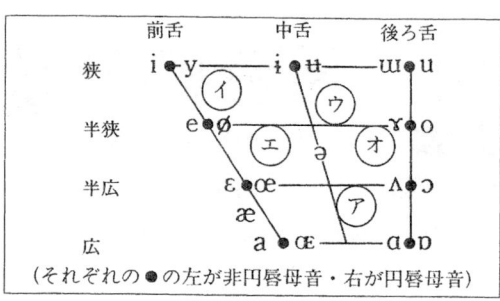

図21 母音図

と「半広」のほぼ中間に位置するため、「狭」「中」「広」の3段の分類を用いることもある。

舌の位置 　**舌の前後の位置**により、母音図の横並びの違いを表す。舌の盛り上がりの最高点が口腔の前寄りになるものを**前舌母音**、後寄りになるものを**後舌母音（奥舌母音）**、中程になるものを**中舌母音**と呼ぶ。前舌の最高点は、[j]と同じ硬口蓋の辺り、後舌は、[w]と同じ軟口蓋の辺りである。

　／イ／／エ／は前舌母音、／ウ／／オ／は後舌母音。／ア／は後舌寄りの中舌母音だが、通常は問題にせず、簡略表記で[a]とすることが多い。[a]とあるときは、日本語の／ア／なのか、図21の「前舌-広母音」なのか、注意する必要がある。

中舌化 　図20や図21は、音韻論的に抽象化された母音図で、実際の母音は、こんなに等間隔には並ばない。下図は国立国語研究所『X線映画による母音の発音の研究』（秀英出版）所収のX

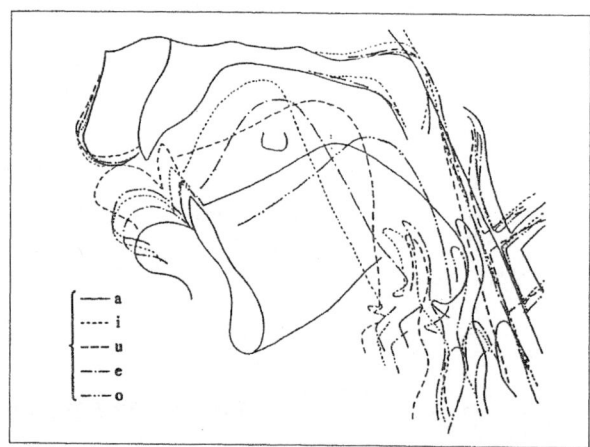

線写真図だが、実際の舌の最高点を結んだ五角形は、特に /ウ/ が中寄りになる。とりわけ、/ス//ツ//ズ/ の母音は、子音の影響を受けて前に移動するので、精密表記では、**中舌化補助記号**[¨]を添えて、[sü][zü][tsü][dzü] と表記する。

唇の円め　　舌位置等を保ちつつ、[i] の唇を円めると [y] になる。[o]の唇の円めをとると [ɤ] になる。円めのある [y][o][u] 等を、**円唇母音**、円めのない [i][ɤ][ɯ] 等を、**非円唇母音**と呼ぶ。不満な声を出すときは非円唇母音が円唇化することが多い。なお、唇が横に引かれる [i] [ɯ] を、特に平唇母音ともいう。

舌位置と円唇性　　多くの言語では、前舌母音は非円唇母音、後舌母音は円唇母音になりやすいが、東京方言の後舌母音 /ウ/ は、英語や中国語、近畿方言の /ウ/ に比べ、**円唇性を帯びていない**。そこで、円唇母音 [u] と区別して、非円唇母音[ɯ]の記号を当てる。ただし、唇の横への引きは [ɯ] ほど強くないため、このような違いを捨象する場合、簡略的に [u] で表記することも多い。

子音の円唇化　　半母音と母音は、並行的にとらえることができ、ワ行[w]も非円唇の子音である。国際音声記号では [w] が唇が円まる両唇軟口蓋音を表すので、この非円唇性を表したいときは、軟口蓋-接近音 [ɰ] を用いることもある。

母音の無声化　　以上のことから、母音の無声化について再定義すると、「無声子音に挟まれた狭母音 /イ//ウ/ が、声帯振動を伴わなくなる現象」と言うことができる。言い切り(後に休止がある状態)の /あります｡//しかし､/ 等でも、無声化が生じることがある。また、狭母音以外の、/かたい//ここ//かかる//はか//ほこり//せっかく//けっして/ 等の、カ・ハ・サ行のア・エ・オ段でも、無声化が生じることがある。

無声化と脱落　　記号では、母音の下に補助記号 [₀] をつけ、/クサ/[kɯ̥sa]、/キタ/[ki̥ta] と表記する。ただし、/シ//ス//ヒ//フ//チ//ツ/などの摩擦音や破擦音の場合、無声化母音があるというより、摩擦音が引き伸ばされている、つまり**母音の脱落現象**だと見なし、/ステル/[sterɯ] と表記することもある。

基本問題

問題1 次の記述が正しければ○、誤っていれば×を記せ。
(1)母音の分類に「調音法」を用いることもある。　　　　　　（　）
(2)/オ/ は「中舌母音」である。　　　　　　　　　　　　　（　）
(3)/イ/は「前舌-非円唇-低母音」である。　　　　　　　　　（　）
(4)/ス//ツ//ズ/の母音は子音の影響を受けて中舌化する。　　（　）
(5)唇が横に引かれる [i] 等を、特に「平唇母音」ともいう。　（　）
(6)母音の無声化が生じるのは、直音イ段と直音ウ段だけである。（　）

問題2【CDのTrack29を聞いてください】
女性と男性の発音の声帯振動が同じだったら○を、違ったら×を空欄に書け。

(1)＿＿　(2)＿＿　(3)＿＿　(4)＿＿　(5)＿＿　(6)＿＿

問題3【CDのTrack30を聞いてください】
女性と男性の発音の円唇化が同じだったら○を、違ったら×を空欄に書け。

(1)＿＿　(2)＿＿　(3)＿＿　(4)＿＿　(5)＿＿　(6)＿＿

解答
問題1　(1)×　(2)×　(3)×　(4)○　(5)○　(6)×
問題2　(1)○　(2)×　(3)×　(4)×　(5)○　(6)×
問題3　(1)○　(2)×　(3)○　(4)×　(5)○　(6)×

解説 問題1　(1)「調音法」は子音の分類に用いる用語なので、　　　（×）
(2)舌の高さは中母音だが、舌位置は後舌母音なので、　　　　　　　（×）
(3)/イ/は「前舌-非円唇-高母音(狭母音)」なので、　　　　　　　　（×）
(4)/ス//ツ//ズ/ の母音は子音の影響を受けて中舌化するので、
　　　　　　　　　　　　　　　　　　　　　　　　　　　　　　　（○）
(5)唇が横に引かれる [i] 等を、特に「平唇母音」ともいうので、
　　　　　　　　　　　　　　　　　　　　　　　　　　　　　　　（○）
(6)拗音ウ段の/シュ/、場合によっては広母音でも無声化するので、
　　　　　　　　　　　　　　　　　　　　　　　　　　　　　　　（×）
(6)について補足しておく。/シュ/[ɕɯ] と /シ/[ɕi] で母音が

「脱落」し、子音[ɕ]だけになると、両者は同じ音になってしまうはずだが、実際には、「日本酒か」「日本史か」と言ってみればわかるように、区別が可能である。摩擦音だけでも、/シュ/は/ウ/の口構え、/シ/は/イ/の口構えで調音しているので、音色が異なって聞こえるのである。

問題2　(1)女：か<u>き</u>くえば（母音無し）　　　男：（母音無し）で、同じ。
　　　　(2)女：これも<u>か</u>けちゃえ（母音有り）　男：（母音無し）で、異なる。
　　　　(3)女：<u>ふっ</u>きんを鍛えよう（母音無し）　男：（母音有り）で、異なる。
　　　　(4)女：<u>こ</u>こからはじめます（母音無し）　男：（母音有り）で、異なる。
　　　　(5)女：<u>か</u>かとがとれちゃった（母音無し）男：（母音無し）で、同じ。
　　　　(6)女：こたえを書<u>く</u>（母音有り）　　男：（母音無し）で、異なる。

問題3　(1)女：<u>ずう</u>っと頑張ったのに（円唇）　男：（円唇）で、同じ。
　　　　(2)女：そ<u>うい</u>うことか（非円唇）　　　男：（円唇）で、異なる。
　　　　(3)女：<u>いい</u>なあ（非円唇）　　　　　　男：（非円唇）で、同じ。
　　　　(4)女：<u>ずう</u>っと頑張ったのに（円唇）　男：（非円唇）で、異なる。
　　　　(5)女：そ<u>うい</u>うことか（円唇）　　　　男：（円唇）で、同じ。
　　　　(6)女：<u>いい</u>なあ（非円唇）　　　　　　男：（円唇）で、異なる。

　非円唇母音/イ//ウ/が円唇化すると、不満そうな物言いになる。怒って文句を言うときは、唇が円まるためである。学習者の発音でも、円唇化が強すぎて、不平を言ってるように聞こえてしまうものがある。

応用問題

問題1　【CDのTrack31を聞いてください（2度ずつ流れます）】
　女性と男性の発音の相違点として、最も適当なものはどれか。a～dの中から一つ選べ。
　a．気息の有無　　b．円唇化　　c．舌の高さ　　d．声帯振動

(1)____　(2)____　(3)____　(4)____　(5)____

問題2　次の文章を読み、問いに答えよ。
　調音音声学的に母音を定義した場合、母音とは、[　問1　]。従って、（①）である「ア」は、最も母音らしい母音である。次の「イ」は、それとは対照的な（②）であり、また、舌の最高点が前寄りになる（③）であ

る。次の「ウ」は、「イ」と舌の前後の位置が対照的な（④）。次の「エ」は、舌の高さが一段下がる（⑤）で、舌の前後の位置は「イ」と同じ（③）、次の「オ」は、「エ」と同じ（⑤）で、やはり（③）と対照的な（④）となっている。このように、五十音図の「アイウエオ」という段の並び順は、各母音が対比的に際立つような配列になっているわけである。

ところで、世界の言語の多くでは、（③）群は（⑥）になりやすく、（④）群は（⑦）になりやすいといわれる。これに反する母音、例えばフランス語やドイツ語に見られる［œ］などは、（③）の（⑦）なので、自然度という観点からいえば、特殊な存在である。日本語について見てみると、東京方言などの（④）群の「オ」は（⑦）だが、「ウ」は（⑥）である。

問1　［問I］に入れるのに最も適当な説明を、a〜eから一つ選べ。
　　a．声の高さを変化させるのに必要な、声帯振動を伴う有声音である
　　b．口腔内のどこかで、何らかの方法で妨害されることで生じる音である
　　c．音節を形成する際、前後に子音が結合するその中心となる音である
　　d．口腔内にいかなる気流の妨害も伴わずに調音される音である
　　e．肺臓からの気流によることなく作られる音である

問2　（①）〜（⑦）に入れるのに最も適当な語句を、a〜hから一つずつ選べ。
　　a．高母音　b．中母音　c．低母音　d．前舌母音　e．中舌母音
　　f．奥舌母音　g．円唇母音　h．非円唇母音

解答　問題1　(1) d　(2) d　(3) d　(4) b　(5) d
　　　　問題2　問1　d
　　　　　　　問2　① c　② a　③ d　④ f　⑤ b　⑥ h　⑦ g

解説　問題1　(1) 女：かたいんですね（母音有声）　男：（無声）で、声帯振動。
　　　　　　　(2) 女：れきし的な問題（母音有声）　男：（無声）で、声帯振動。
　　　　　　　(3) 女：やっと、ふっきれた（無声）　男：（母音有声）で、声帯振動。
　　　　　　　(4) 女：わかんなーい（非円唇）　男：（円唇）で、円唇化。
　　　　　　　(5) 女：50円きって、5枚（母音有声）　男：（無声）で、声帯振動。
　　　　　　　(2)の「歴史的」は、/キ/も/シ/も母音が無声化する条件にあるわけだが、ここでは、男性はどちらも無声化し、女性は/シ/だ

け無声化している。無声子音と狭母音が連続する場合、どの拍が無声化するかには、個人差、場面差がある。たいていの場合、/き̲き̲つける//く̲した(靴下)//し̲し̲つ(資質)//し̲し̲ゅつ(支出)//すす̲き//ち̲しき(知識)//ち̲しつ(地質)//つち̲くさい//ふく̲し(福祉)//く̲ちつき//し̲ゅくふく(祝福)//ふく̲しきこきゅう(腹式呼吸)/…のように下線部が無声化して、交互に母音が残されるようだ(『NHK日本語発音アクセント辞典』による)。このような問題では、どちらでも不自然には聞こえず、問題の所在がわかりにくくなるので、要注意。

問題2　五十音図の配列の話の続き、段の配置、つまり母音は、なぜ「アイウエオ」の並び順なのか、という話である。以下のような関係で配置されているわけである。

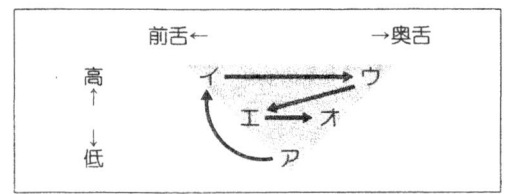

[œ]は、国際音声記号の4段構えの母音体系では、前舌-円唇-半広母音と呼ばれる音である。日本語よりも少し口を開けた「エ」の舌位置を保ちながら、唇だけを円めると、この音が出る。

・第4課・プロミネンスとポーズ

この課のねらい （関連：H3〜6聴解1、H9聴解4、H5,7,8,9聴解5、H3筆記1-10）

・プロミネンスとは何かを知る。
・プロミネンスが聞き取れるようになる。

統語機能

アクセントの機能には、「腿」—「桃」のような**弁別機能**(p.39参照)のほかに、**統語機能**がある。/なんかいほうそう/は、音の高さの変化により、二つの意味が表される。

　　1　/ナ￢ンカイホ￣ーソ￣ー/　　2　/ナンカイ￢ホ￣ーソ￣ー/

1は、「南海放送」である。2は、1語では一度下がったらもう上がらない、という日本語のアクセントの規則(p.45参照)に反してしまうので、「何か」「違法そう」の二つに分かれることになる。統語機能とは、単語や文節などのまとまりを示す働きのことであり、アクセントによって示されるカタマリを**アクセント節（アクセント句）**という。

準アクセント

しかし、上のように、複数の語からなる文や句の初めに、**常に高さの上がり目があるわけではない**。例えば、「車に乗る」は、一つひとつ単独で言うと、

　/ク￢ルマニ//ノ￢ル/

となる。しかし、これを続けて言うと、

　/ク￢ルマニノル/

のように、/ノ/ が /ニ/ と同じ高さのまま続き、「1年ぶり」「今川焼き」などと同じアクセントになる。このように、複数の語を文として一続きに発話して意味的にひとまとまりとすることで、語が単独で発話したときの高低のパターンと異なった高低のパターンになることを、**準アクセント**という。

前部が平板式の場合

前部が平板式の場合、後部1拍目の「低」が、前部に続いて「高」になり、1拍目から2拍目への上がり目はなくなる。後部の下がり目は変わらない。

「桃を」(平板式) + 「あげる」(平板式) → 「桃をあげる」

 モ˥オ   ゲ˥ル   モオアゲル
モ   ア   モ

「桃を」(平板式) + 「食べる」(起伏式) → 「桃を食べる」

 モオ   ベ   モオタベ
モ   タ ル   モ ル

「桃を」(平板式) + 「返す」(起伏式) → 「桃を返す」

 モオ   カ   モオカ
モ   エス   モ エス

前部が起伏式の場合

前部が起伏式の場合、後部1拍目の「低」はそのままで、1拍目から2拍目への上がり目がなくなり、2拍目も「低」になる。後部の下がり目は残り、その後ろの「低」はさらに低くなる。

「腿を」(起伏式) + 「あげる」(平板式) → 「腿をあげる」

モ   ゲル   モ
 モオ   ア   モオアゲル

「腿を」(起伏式) + 「食べる」(起伏式) → 「腿を食べる」

モ   ベ   モ
 モオ   タ ル   モオタベ
                ル

「腿を」(起伏式) + 「返す」(起伏式) → 「腿を返す」

モ   カ   モ
 モオ   エス   モオカ
                エス

アクセントの本質

ここまで、「1拍目と2拍目の高さは常に異なる」と説明してきたが、それは厳密には「**アクセント節の初めの1拍目と2拍目の高さは常に異なる**」といわなければならない。上がり目はアクセント節の中で消えることがあっても、下がり目は消えない。/モ̄モヲアゲル/ と同じ音調で /モ̄モヲカエス/ と発音すれば、両者の違いがわかる。第1章第5課「アクセントの式と型」では、「滝(核)」の有無と位置がわかれば型が区別できる、と述べたが、実は、この**下がり目=滝こそが、アクセントの本質的な部分**なのである。「上がり目」は、文をどのように発音するかにかかわる要素であって、語に本来的に備わっているものではないから、「アクセント」の性質とは見なさない、という考え方もできる。

ポーズ	ベッドに　寝ているひとを　運んだ。

これは、複数の解釈が可能なあいまい文だが、書き言葉では、
　　　ベッドに、寝ているひとを運んだ。
　　　ベッドに寝ているひとを、運んだ。
とすることで、どちらであるかわかる。話し言葉では、この読点の位置に、**声や息の切れ目**を入れればよい(読点のある個所に切れ目が常に入るわけではない)。これをポーズという。しかし実際には、ポーズは音の高さの変化と連動することが多く、**意味の区別に重要なのは、むしろ声の高さの変化のほうである**。例えば、ポーズがなくとも、
　　　ベッドに寝ているひとを運んだ。
を一続きで発音すると、「ベッドに」は「寝ている」を修飾し、「ベッドに寝ているひとを(庭に)運んだ」という解釈ができる。一方、
　　　ベッドに寝ているひとを運んだ。
のように、/寝ているひとを/ の部分を際立たせれば、たとえ /ベッドに/ と /寝ているひとを/ の間にポーズが入らなくても、「ベッドに」は「運んだ」を修飾し、「(ソファに)寝ている人をベッドに運んだ」という解釈ができる。

プロミネンス	このように、一部分が音調として際立たせられたものを**プロミネンス(卓立)**という。プロミネンスは、

　　　今夜　**タクシーで**　熱海の　ホテルへ　行きます。
　　　今夜　タクシーで　熱海の　ホテルへ　行きます。
　　　今夜　タクシーで　**熱海の**　ホテルへ　行きます。
のように、一部のアクセント節を高くしたり、高低の幅を大きくしたり、速くしたり、遅くしたり、強くしたりすることで表される。

対比	上の文の場合、「タクシーで」を際立たせて発話すれば、「新幹線」や「マイカー」ではなく、「タクシー」であることが強調されることになる。この場合、

　　　今夜　タクシーで　熱海の　ホテルへ　行きます。
のように、目立たせたい部分の最後(主に助詞)を際立たせ、「タクシーで」を際立たせる方法もある。

基本問題

問題1 次の記述が正しければ○、誤っていれば×を記せ。
(1)アクセントの機能には、弁別機能と統語機能がある。　　　　（　）
(2)文の中では、アクセントの上がり目がなくなることがある。　（　）
(3)文の中では、アクセントの下がり目がなくなることがある。　（　）
(4)朗読では、読点が打たれている個所で、必ずポーズが入る。　（　）
(5)プロミネンスの置かれたアクセント節の1拍目と2拍目の高さは
　同じになる。　　　　　　　　　　　　　　　　　　　　　　（　）
(6)プロミネンスを置くべき部分が決まっている文もある。　　　（　）

問題2 【CDのTrack32を聞いてください（2度ずつ流れます）】
　　　　女性と男性が読み上げる文のプロミネンスの位置が同じなら、空欄に○を、違ったら×を書け。
(1)___　(2)___　(3)___　(4)___　(5)___　(6)___

問題3 【CDのTrack33を聞いてください（2度ずつ流れます）】
　　　　女性が読み上げる文を聞いて、そのプロミネンスの置かれている文節1カ所に○をせよ。
(1)　ここは　ココアが　おいしいんですよ。
(2)　坂口さんが　10時に　電話するんですね。
(3)　女の人は　嫌いだと　言っていました。
(4)　橋本君は　本当に　大きな　ミスを　しました。

解答　問題1　(1)○　(2)○　(3)×　(4)×　(5)×　(6)○
　　　　　問題2　(1)×　(2)○　(3)×　(4)○　(5)×　(6)×
　　　　　問題3　(1)　(ここは)　ココアが　おいしいんですよ。
　　　　　　　　　(2)　坂口さんが　(10時に)　電話するんですね。
　　　　　　　　　(3)　(女の人は)　嫌いだと　言っていました。
　　　　　　　　　(4)　橋本君は　(本当に)　大きな　ミスを　しました。

解説　問題1　(1)アクセントの機能には、語の意味を区別する弁別機能と語のまとまりを表す統語機能があるので、（○）

(2)準アクセントといって、文の中では、アクセントの上がり目がなくなることがあるので、(○)
(3)準アクセントでは、文の中では、アクセントの上がり目がなくなることはあっても、下がり目がなくなることはないので、(×)
(4)あいまい文の言い分けなどでは、読点とポーズの位置が同じになることもあるが、常にポーズが入るわけではないので、(×)
(5)プロミネンスが置かれたアクセント節は、1拍目と2拍目の高低差が激しくなる傾向が強いので、(×)
(6)例えば、「いつ」「何」のような疑問詞には、プロミネンスが置かれることが多いので、(○)

なお、(6)の疑問詞のように、文の構造や語の性質により、そこが「意図的に際立たせなくてもプロミネンスが置かれること」を「際立ち」と呼び、プロミネンスを「**際立ち**」「**際立たせ**」に二分してとらえる考え方もある。例えば、

A:「**だれが**聞いたの？」
B:「ううん、だれも来てないよ。」
A:「違う違う、だれが**聞いた**の？」

という会話における、Aの最初の「だれが」は「際立ち」であるが、最後の「聞いた」は聞き間違いの生じた個所をあえて強調したものなので、「際立たせ」という。

問題2　(1)女:明日は　**2時**からです。　男:**明日**は　2時からです。
　　　　(2)女:専門は　**経済学**です。　男:**専門**は　経済学です。
　　　　(3)女:**次の**　授業までに　必ず　出してください。
　　　　　　男:次の　授業までに　**必ず**　出してください。
　　　　(4)女:テストは　**いつから**　いつまでですか。
　　　　　　男:テストは　いつから　**いつまで**ですか。
　　　　(5)女:**私**は　やっていません。　男:私は　**やっていません**。
　　　　(6)女:これが　**正解**なんですか。　男:**これ**が　正解なんですか。

=== 応用問題 ===

問題1　特殊な文脈がない場合、東京方言で、次の文はどの文節にプロミネンスが置かれるのが普通か。プロミネンスが置かれる文節に○をせよ。

(1) 私が　やりました。
(2) 私は　やっていません。
(3) 岡本さんは　いつ　徳島へ　帰りますか。

(4) ここで　けっこうです。
(5) だれか　来たんですか。

問題2　【CDのTrack34を聞いてください（2度ずつ流れます）】
女性と男性の発音の相違点として適当なものは、どれとどれか。a〜dの中から二つずつ選べ。
　　a．アクセント　　b．プロミネンス　　c．ポーズ　　d．速さ

(1)____　(2)____　(3)____　(4)____　(5)____
　　 ____　　 ____　　 ____　　 ____　　 ____

解答　問題1　(1) （私が）やりました。
　　　　　　　(2) 私は （やっていません。）
　　　　　　　(3) 岡本さんは （いつ） 徳島へ　帰りますか。
　　　　　　　(4) （ここで）けっこうです。
　　　　　　　(5) だれか （来たんですか。）
　　　　問題2　(順不同) (1)b、c　(2)c、d　(3)a、c　(4)a、b　(5)b、d

解説　問題1　(1)「〜は」に対し、「〜が」は主語を明示するので、「私が」にプロミネンスが置かれる。
(2)否定文の場合は、否定部分が一番言いたい部分なので、「やっていません」にプロミネンスが置かれる。
(3)疑問詞が最も聞きたい部分なので、「いつ」にプロミネンスが置かれる。
(4)車に乗っているのであれば、「どこで止まるか」が一番言いたい部分なので、「ここで」にプロミネンスが置かれる。これを逆に、「ここで**けっこうです**」のように言うと、不満があるように聞こえることがある。
(5)「だれか来たか」に対する答えは、「はい」か「いいえ」である。つまり「来たかどうか」が一番聞きたいことなので、「来たんですか」にプロミネンスが置かれる。ちなみに、「だれが来たんですか」なら、「だれが」にプロミネンスが置かれる。

　　　　問題2　(1)女：**みんな**違うっていったのに。
　　　　　　　　　　男：みんな‖**違う**っていったのに。
　　　　　　　(2)女：いえいえどうぞお先に。（遅）
　　　　　　　　　　男：いえいえ‖どうぞお先に。（速）

(3) 女：静かな部屋って‖ど|んな部屋？
　　男：静かな部屋ってど|ん|な部屋？
(4) 女：**なにか見**|せたそうです。
　　男：なにか**見**|せたそ|うです。
(5) 女：**とにかく**全部食べてください。（速）
　　男：とにかく全部**食べてください**。（遅）

　ポーズとプロミネンスは連動することが多いが、検定試験では、本当に無音区間があるものだけをポーズと称するので、注意が必要である。また、ポーズのない発話は早口に聞こえてしまうので、「速さ」と間違えないように、注意。

　なお、平成7年度、8年度、9年度の問題では、「プロミネンス」は選択肢から外されている。

・第5課・イントネーション

この課のねらい　（関連：H3〜9聴解1、H5,6,8,9聴解4、H9筆記Ⅱ-5）

・イントネーションの分類を知る。
・イントネーションが聞き取れるようになる。

イントネーション	イントネーションとは、広義には、文全体の音の高さの変化を指すが、狭義には、話者の表現意図に関係する、**文末、句末における音の高さの変化**を指す。例えば、「桃。」の語尾を上げて言うと、「桃？」のように質問文になる。日本語教育能力検定試験でも、この意味で使われるので、本課でも、それに沿って進めていく。
アクセントとの違い	アクセントは単語ごとに決まっており、単語の一部である。そのため、話者の気持ちや状況などで変わることはない。例えば、「雨。」を質問文にすると、「雨？」になるが、/ア/から/メ/への下がり目は変わらず、/ア\メ↗/のままである。もし、/ア/メ↗/になってしまうと、「飴？」になって、単語の意味が変わってしまう。それに対し、イントネーションは、**文としての意味・機能をもつもの**で、**話者の気持ちや状況などで変わり得るもの**である。
イントネーションの3分類	文末や句末のイントネーションの型については、研究者の考え方や研究の目的により、さまざまな分類のしかたがあり、これが最もよいという分類は存在しないが、とりあえず、上がるか、下がるか、そのどちらでもないかで、**上昇調、下降調、平調**の3種類と、それ以外の**卓立上昇調**にまず分類し、それを、長さや強さにより、さらに細かく分類する。

	長い	短い	弱い
上昇調	長昇	短昇	
平調	長平		弱平
下降調	長降		

理論的には、4（上がり下がり）×2（長さ）×2（強さ）＝16種類存在することになるが、主なものは、表の5種類である。なお、平調と下降調をひとまとめにして非上昇調とし、**上昇調と非上昇調**の2種類に分類する方法も一般的である。

上昇調　　上昇調は、/ヨンダ↗(呼んだ？)/、/ヨ￣ンダ↗(読んだ？)/のように、句末、文末の最後の1拍の高さを上昇させるもので、「質問」などに用いられる。「質問」のほかに、「どうぞ。」「よかったら、召し上がって。」のように、「勧め」「誘い」などに使われ、上昇調を用いることによって、優しい言い方になる。

長昇、短昇　　上昇調は、長昇と短昇に分けられる。短昇の /ヨンダ↗(呼んだっ？)/、/ヨ￣ンダ↗(読んだっ？)/、/ド￣ーゾ↗（どうぞっ。）/ などのほうが、長昇の「呼んだ？」「読んだ？」「どうぞ。」などよりも軽い感じになる。

平調　　平調は、上がりも下がりもしないもので、「断定」に用いられる。

長平と弱平　　平調は、長平と弱平に分けられる。長平は、/ヨンダ→(呼んだ。)/、/ヨ￣ンダ→(読んだ。)/「今日は土曜日。」「これは本です。」「あれは本ではありません。」などである。弱平は、「すみません、その質問は…。」や「できれば、後で…。」のように、伸ばして、弱々しく言う形で、「遠慮がち」であることを表す。

下降調　　下降調の長降は、

　　A：もう呼びましたよ。　　A：もう読みましたよ。
　　B：ああ、呼んだ。↘　　　B：ああ、読んだ。↘

のBの発話や、

　・A：5時ですよ。
　　B：ああ、5時。↘

のBの発話のように、句末、文末の高さを下降させるもので、「発見」「了解」「確認」「納得」などに使われる。

卓立上昇調　　上昇調、平調、下降調のほかに、文末の最後の1拍をアクセントの上がり目のように上げて伸ばすと、独り言をしみじみと言っている感じになる。

やっぱり、帰っちゃった か。
おれじゃあ、だめ か。

これに強めを加えると、強く断定することになる。「今日は土曜日っ！」「だめっ！」などである。これらを卓立上昇調ということがある。

アクセントと
イントネーション

英語では"Tigers."を上昇調にすると、"Tigers?"になる。この上昇調をそのまま日本語に当てはめると、/タイガース/ が /タイガース↗/になり、アクセントが崩れてしまう。しかし、正しくは、/タイガース↗/ であり、一般に**イントネーションによってアクセントが崩れることはない**。

文末詞と
イントネーション

文末詞はその中で、上昇したり、下降したりするだけでなく、前に対して、高くつくことによって、ニュアンスが変わることがある。

なんであんなこと、やるんだろうね。↘
なんであんなこと、やるんだろうね。↘

高さの変化を
表す曲線

声の高さは声帯の振動によって作られる。それを機械を使って物理的に測定するには、その音の振動数を測定すればよい。それを**周波数**という。例えば、100ヘルツとは、1秒間に声帯が100回振動することを示す。高い音ほど声帯が多く振動するので、周波数は高くなる。

有声音・無声音、
ポーズ

有声音は声帯が振動するので、機械で高さの変化を測定した場合、高さを表す曲線が表示される。一方、無声音は声帯が振動しないので、曲線は表示されない。また、ポーズでは、音がないので、曲線は表示されない。

アクセント

図22・23の /ヨンダ/（呼んだ）、/ヨンダ/（読んだ）を見てもわかるように、アクセント型で表される高低と機械で測定した高さの変化を表す曲線は必ずしも一致しない。特に、平板型では、同じ高さのように感じても、物理的には徐々に低くなる。

イントネーションによって、高さの変化を表す曲線は以下のように現れる。

【CDのTrack35を聞いてください】

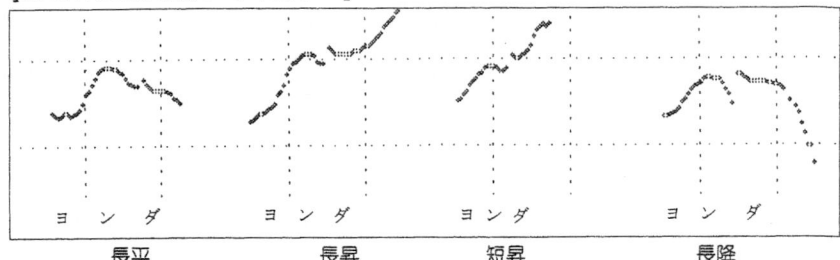

図22/ヨンダ/「呼んだ」

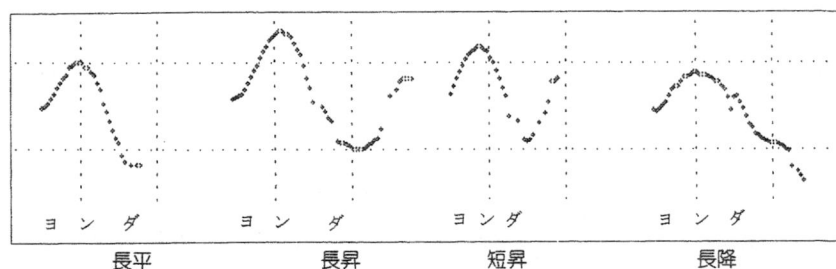

図23/ヨンダ/「読んだ」

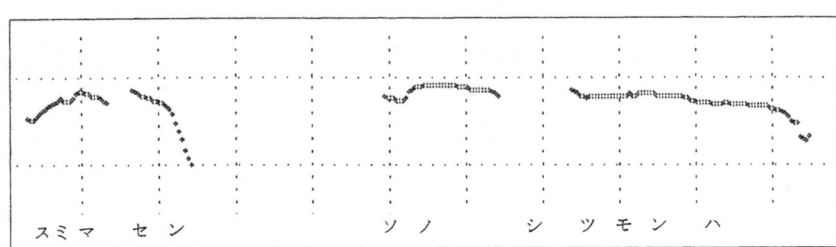

図24「すみません、その質問は…。」

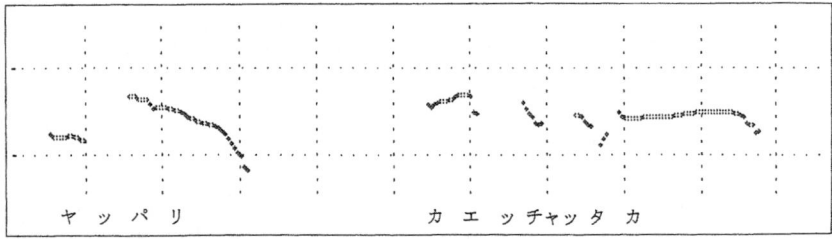

図25「やっぱり、帰っちゃったか。」

基本問題

問題1　次の記述が正しければ○、誤っていれば×を記せ。

(1) 一部の例外を除いて、イントネーションによって、アクセントも変化する。（　　）

(2) 上昇調で表すのは、「質問」だけではない。（　　）

(3) 平調は「肯定」を表す。（　　）

(4) 文末詞は前の部分に対して、高くつくことがある。（　　）

(5) 無声音は、機械で高さの変化を測定した場合、表示されない。（　　）

(6) 平板型や尾高型の語を機械で測定すると、1拍目を除き、すべて同じ高さ（ヘルツ）で示される。（　　）

問題2　【CDのTrack36を聞いてください】
男性と女性が読み上げる文のイントネーションの型が同じなら、空欄に○を、違ったら×を書け。

(1)____　(2)____　(3)____　(4)____　(5)____　(6)____

問題3　下の図は、高さの変化を表す曲線である。それぞれ、a、bいずれの音声のものか答えよ。なお、「代える」「帰る」のアクセントはそれぞれ、/カエル//カ￤エル/である。

(1)　a．名古屋に代える。　　b．名古屋に帰る。

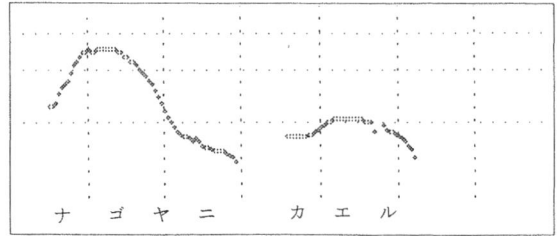

(2)　a．名古屋に帰る？　　　b．名古屋に帰る。

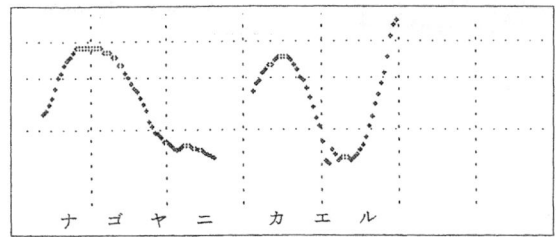

(3)　a．名古屋に代える。　　b．(ああ、) 名古屋に代える。

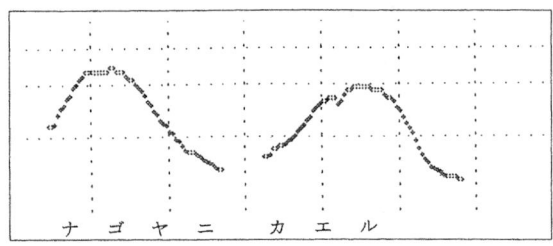

解答　問題1　(1)×　(2)○　(3)×　(4)○　(5)○　(6)×
　　　　問題2　(1)×　(2)×　(3)○　(4)×　(5)○　(6)×
　　　　問題3　(1)a　(2)a　(3)b

解説　問題1　(1)通常はイントネーションによってアクセントが崩れることはないので、(×)　例外については、p.136参照。
(2)上昇調は、「質問」のほかに、「どうぞ。」のような、「勧誘」などでも用いられるので、(○)
(3)平調は「断定」を表す、すなわち「肯定」だけでなく、「そうはさせません」のように「否定」も表すので、(×)
(4)「暑いですねえ。」の「ねえ」などは、前の部分に対して高くつくことがあるので、(○)
(5)無声音は、声帯が振動しないため、機械で高さを測定した場合、測定されないので、(○)
(6)耳で聞いて下がっていないと思っても、機械で高さを表示すると、徐々に下がっているので、(×)
　　　　問題2　(1)「いったい、だれがどうしたんですか(長昇)」
「いったい、だれがどうしたんですか(長降)」で、異なる。
(2)「明日は雨か(卓立上昇)」「明日は雨か(長昇)」で異なる。
(3)「よかったら食べますっ(短昇)」で同じ。
(4)「いいえ(長昇)。違います」「いいえ(長平)。違います」で、異なる。
(5)「ああ、本は机の上(長降)」で、同じ。

基本問題

問題1 次の記述が正しければ○、誤っていれば×を記せ。

(1) 一部の例外を除いて、イントネーションによって、アクセントも変化する。（　）
(2) 上昇調で表すのは、「質問」だけではない。（　）
(3) 平調は「肯定」を表す。（　）
(4) 文末詞は前の部分に対して、高くつくことがある。（　）
(5) 無声音は、機械で高さの変化を測定した場合、表示されない。（　）
(6) 平板型や尾高型の語を機械で測定すると、1拍目を除き、すべて同じ高さ（ヘルツ）で示される。（　）

問題2 【CDのTrack36を聞いてください】
　　男性と女性が読み上げる文のイントネーションの型が同じなら、空欄に○を、違ったら×を書け。

(1)＿＿　(2)＿＿　(3)＿＿　(4)＿＿　(5)＿＿　(6)＿＿

問題3 下の図は、高さの変化を表す曲線である。それぞれ、a、bいずれの音声のものか答えよ。なお、「代える」「帰る」のアクセントはそれぞれ、/カエル/ /である。

(1)　a．名古屋に代える。　　b．名古屋に帰る。

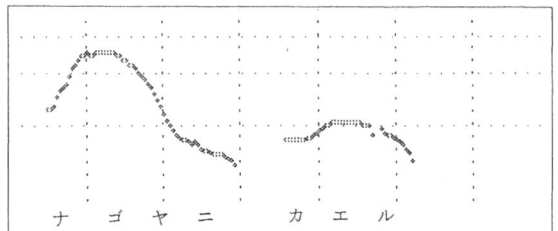

(2)　a．名古屋に帰る？　　　b．名古屋に帰る。

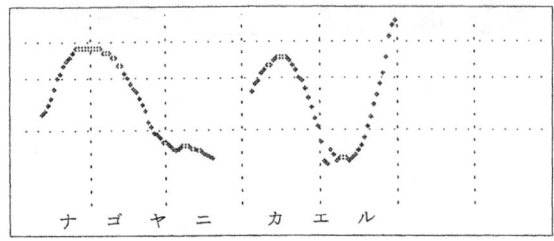

(3)　a．名古屋に代える。　　b．（ああ，）名古屋に代える。

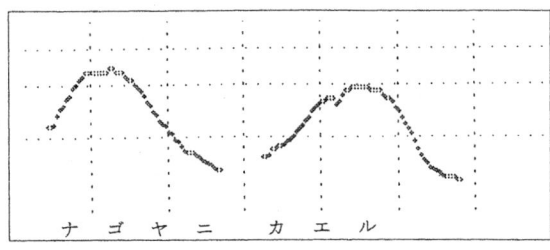

解答　問題1　(1)×　(2)○　(3)×　(4)○　(5)○　(6)×
　　　　問題2　(1)×　(2)×　(3)○　(4)×　(5)○　(6)×
　　　　問題3　(1)a　(2)a　(3)b

解説　問題1　(1)通常はイントネーションによってアクセントが崩れることはないので、（×）　例外については、p.136参照。
　　　　(2)上昇調は、「質問」のほかに、「どうぞ。」のような、「勧誘」などでも用いられるので、（○）
　　　　(3)平調は「断定」を表す、すなわち「肯定」だけでなく、「そうはさせません」のように「否定」も表すので、（×）
　　　　(4)「暑いですねえ。」の「ねえ」などは、前の部分に対して高くつくことがあるので、（○）
　　　　(5)無声音は、声帯が振動しないため、機械で高さを測定した場合、測定されないので、（○）
　　　　(6)耳で聞いて下がっていないと思っても、機械で高さを表示すると、徐々に下がっているので、（×）
　　　　問題2　(1)「いったい、だれがどうしたんですか(長昇)」
　　　　　　　「いったい、だれがどうしたんですか(長降)」で、異なる。
　　　　(2)「明日は雨か(卓立上昇)」「明日は雨か(長昇)」で異なる。
　　　　(3)「よかったら食べますっ(短昇)」で同じ。
　　　　(4)「いいえ(長昇)。違います」「いいえ(長平)。違います」で、異なる。
　　　　(5)「ああ、本は机の上(長降)」で、同じ。

(6)「もう1杯,飲みますっ(短昇)」「もう1杯,飲ます(長昇)」で、異なる。

問題3　(1)「カエル」の部分で、高さを表す曲線は徐々に下がっているが、極端には下がっていないので、平板型である。
(2)「ル」の部分が上昇しているので、上昇調である。
(3)「ル」の部分が下降しているので、下降調である。
　　正解の図のもととなる音声は、CDのTrack37に収録してあるので、聞いて確認してみてほしい。

応用問題

問題1　次の(1)〜(5)について、それぞれ提示されているa〜dのうち、下線部のイントネーションが他と異なるものを一つずつ選べ。

(1) a．思ったよりもきれいじゃない。自分で掃除してるの。
　　b．玄関のほうで音がするよ。だれか来たんじゃない。
　　c．もう食べちゃったじゃない。もっと早く言ってよ。
　　d．ほら、大きな声出すから、一夫ちゃんが起きちゃったじゃない。

(2) a．バス停へはどうやって行ったらいいんでしょうか。
　　b．ああ、そうですか。やっぱりそこにあったんですね。
　　c．それ、私の傘じゃないでしょうか。
　　d．明日はいらっしゃるんですか。

(3) a．今日も暑いですね。
　　b．本当は全然できてなかったんですね。
　　c．これからは締め切りを守るようにしてくださいね。
　　d．この本、おもしろいですね。

(4) a．坂本さんも喜んでくれるでしょう。
　　b．明日は、中村さん、来られないでしょう。だから、やめよう。
　　c．あなたも行くでしょう。あんなに誘ってくれてるんだから。
　　d．ほら、今、母が入院してるでしょう。だから、行けないの。

(5) a．早くしないと電車に乗り遅れますよ。
　　b．ひもがほどけてますよ。結ぶまで、待ってますね。
　　c．きのう、あの後、小林さんが来たんですよ。
　　d．帰りましょうよ。電車、込むんだから。

問題2 【CDのTrack38を聞いてください（2度ずつ流れます）】

女性と男性の発音の相違点として適当なものは、どれとどれか。a～dの中から二つずつ選べ。

a．アクセント　　b．イントネーション　　c．ポーズ　　d．速さ

(1)____　(2)____　(3)____　(4)____
　____　　____　　____　　____

解答　問題1　(1) b　(2) d　(3) c　(4) c　(5) d
　　　　問題2　（順不同）(1) c、d　(2) a、b　(3) b、c　(4) a、b

解説　問題1　(1) a、c、dは上昇調が不可だが、bは上昇調が可。
　　　　　　　　(2) a、b、cは上昇調が不可だが、dは上昇調が可。
　　　　　　　　(3) a、b、dは上昇調以外も可だが、cは上昇調以外は不可。
　　　　　　　　(4) a、b、dは上昇調以外も可だが、cは上昇調以外は不可。
　　　　　　　　(5) a、b、cは上昇調が可だが、dは上昇調は不可。

　　　　問題2　(1) 女：さっきの問題全部できた↗（遅）
　　　　　　　　　　男：さっきの問題‖全部できた↗（速）
　　　　　　　　(2) 女：かなりや|さ|しい問題じゃない↗
　　　　　　　　　　男：かなりや|さしい問題じゃない↘
　　　　　　　　(3) 女：え↗‖そうかなあ↘
　　　　　　　　　　男：えええ↗そうかなあ↘
　　　　　　　　(4) 女：す|ご|くむずかしいと思ったよ↗
　　　　　　　　　　男：す|ごくむずかしいと思ったよ↘

(1) ポーズは、男性の「問題」の後にある。速さは、男性のほうが全体的に早口。
(2) アクセントは、女性が /ヤ|サシ―/、男性が /ヤ|サシー/ のようになっている。イントネーションは、女性が上昇調、男性が下降調。
(3) イントネーションは、「え」が女性は短昇、男性は長昇の上昇調。ポーズは、女性の /エ↗/ の後にある。上昇調の長短を区別させる問題は、H8、H6、H4の聴解問題で出ている。ここでは極端に発音したが、本試験では、もっと微妙な差しかないので、注意を要する。

(4)アクセントは、女性が /スゴク/、男性が /スゴク/ のようになっている。イントネーションは、女性は上昇調、男性は下降調。

　2回流れる音声を聞くとき、まず1回目は、アクセントの下がり目と文末の上下に着目し、「アクセント」「イントネーション」を選ぶかどうか考える。2回目は、文中にポーズがあるように聞こえた場合、本当に「ポーズ」なのか、単にゆっくり発話している「速さ」なのか、それともその両方なのかを考える。それ以外で当てはまるものがなく、困ったときは、とりあえず「イントネーション」を選んでおく（！）。

要点整理-2　試験の選択肢

問題

（①）～（⑩）に、最もふさわしい語句を入れよ。

A.　国際音声記号表では、[s][t][ɾ][n] のように（①）が同じ子音が縦に、[p][b][d][k] のように（②）が同じ子音が横に配置されている。[s][t][ɾ][n] の子音は、すべて（③）音、[p][b][d][k] の子音は、すべて（④）音である。

B.　[p][t][k][s] のように（⑤）のない子音を（⑥）音、[b][d][g][z] のように（⑤）のある子音を（⑦）音と呼ぶ。この（⑥）音・（⑦）音の違いと、清濁の違いとは、必ずしも一致しない。清濁の対立のない [n][m][j][ɾ][w] および（⑧）はすべて（⑦）である。また、（⑨）は（⑥）である。

解答　①調音点　②調音法　③歯茎　④破裂(閉鎖)　⑤声帯振動　⑥無声　⑦有声　⑧母音　⑨半濁音

ここでは、H3～9聴解試験【問題3】の出題形式に合わせて、「調音点」「調音法」「声帯振動」「円唇化」などの選択肢から知識の整理をしてみよう。

子音

◆**気息の有無**　有気音と無気音の違い。息漏れの量の多少。双方が破裂音、破擦音のときに用いる選択肢で、一方が摩擦音、鼻音、接近音のときは関係ない（H8、H7、H6、H5、H4）。

◆**調音法**　どのように調音するか。

　破裂音(破擦音)と摩擦音……バ行、特に /ブ/ の [b]と[β]（H8、H7、H6、H4）。/ズ//ゾ/ の [dz]と[z]（H7、H4）。/チ//チャ/[tɕ] と /シ//シャ/[ɕ]（H9、H7、H3）。/ガ/ の [g] と [ɣ]（H3）。/カ/[k] と /ハ/[x]（H7）。

　なお、/ブ/ と /フ/（H5）、語頭の /ジ/[dʑ] と /シ/[ɕ]（H6）、母音

間の /ジ/[ʑ] と /チ/[tɕ]（H9）、撥音の後の /ゾ/[dz] と /ソ/[s]（H9）、などは、有声音対無声音なので、「調音法と声帯振動」。

弾き音と破裂音……/ラ/[ɾ] と /タ/[t]（H6）は、有声音対無声音なので、「調音法と声帯振動」。

弾き音と鼻音……/ラ/[ɾ] と /ナ/[n]（H9）。/ラ/[ɾ] と 鼻音の /ガ/[ŋ]（H9）は、調音点と調音法。

弾き音と震え音と側面接近音……ラ・リャ行の [ɾ] と [r] と[l]（H4、H3）。

接近音と摩擦音……/ヨ/[j] と /ヒョ/[ç]（H8）は、有声音対無声音なので、「調音法と声帯振動」。

声門破裂音の有無……声立ての硬軟。母音の前の[ʔ]の有無（H8）。

◆**鼻腔の関与**　口蓋帆を下げ、鼻腔へも息を通すかどうか。鼻音と何かを比べる問題で、選択肢に「調音法」がなければ、これを選ぶ。/ム//メ/ [m] と /ブ//ベ/ [b]（H8、H5）、ガ行 [g] と鼻濁音 [ŋ] の関係（H9、H8）。
　なお、/メ/[m] と /ペ/[p]（H6）、/ナ//ネ/[n] と /タ//テ/[t]（H7、H5）は、有声音対無声音なので、「鼻腔の関与(調音法)と声帯振動」。
　弾き音と鼻音は「調音法」が異なるのだが、選択肢に「鼻腔の関与」しかなければ、/マ/[m] と /ラ/[ɾ]（H7）は「調音点と鼻腔の関与」。

◆**調音点**　どこで調音するか。

両唇音 [ɸ] と唇歯音 [f]……ファ行同士（H3）。

両唇音 [p] と歯茎音 [t]……/パ/[p] と /タ/[t]（H7、H6、H5）。
　/ペ/[p] と /デ/[d]（H7）は無声音対有声音なので、「調音点と声帯振動」。

両唇音 [p] と軟口蓋音 [k]……/パ/[p] と /カ/[k]（H9）。

歯音 [θ] と歯茎音 [s]……/サ//ス//セ//ソ/ 同士（H5、H4、H3）。

歯茎音と歯茎硬口蓋音……サ行[s] とシャ行[ɕ]、特に /スィ/ と /シ/（H9、H8、H4、H3）。/ヌィ/[n] と /ニ/[ɲ]（H4、H3）。

歯茎音 [n] と軟口蓋音 [ŋ]……/ネ/[n] と鼻音の/ゲ/[ŋ]（H8、H6）。

歯茎音と声門音……/サ/[s] と /ハ/[h]（H5）。

歯茎硬口蓋音と硬口蓋音……/シ/[ɕ] と /ヒ/[ç]（H8、H6）。なお、母音間の /ジ/[ʑ] と /ヒ/[ç]（H5）は、有声音対無声音なので、「調音点と声帯振動」。

軟口蓋音と声門音……/ハ/[x] と /ハ/[h]（H4）。

◆**調音点と調音法**

両唇閉鎖音と唇歯摩擦音……/ベ/[b] と /ヴェ/[v]（H5）。

歯茎破裂音と歯茎硬口蓋破擦音……/ティ/[t] と /チ/[tɕ] (H6)。
歯茎弾き音と歯茎硬口蓋破擦音……/リ/[ɾ] と /ジ/[dʑ] (H5)。
歯茎硬口蓋破擦音と軟口蓋破裂音……/チ/[tɕ] と /キ/[k] (H7)。
歯茎摩擦音と軟口蓋破裂音……/セ//ソ/[s] と /ケ//コ/[k] (H8、H6)。

◆**声帯振動**　調音時に、のど元の声帯が振動するかしないかの違い。

　清濁……カサタパ行とガザダバ行。

　　ハ行・バ行・パ行の関係に注意。パ行は無声音。

　　また、ザ行・サ行・ツァ行の調音法の違いに注意。語頭の /ジ//ズ/（破擦音）と /シ//ス/ (H6)、または語中の /ジ//ズ/（摩擦音）と /チ//ツ/ (H9) ならば「声帯振動と調音法」。語頭の /ジ//ズ/（破擦音）と /チ//ツ/、または語中の /ジ//ズ/（摩擦音）と /シ//ス/ (H8、H3) は「声帯振動」となる可能性が高い。これはあくまで可能性なので、とにかく練習して、ザ行の摩擦・破擦を聞き分けられるようにしておくこと。

　/h/ **の有声化**……/ハハ/ が [hafia] になるなど (H9、H4)。

　清濁に関与しない行……ナ・マ・ヤ・ラ・ワ行の子音も有声音なので、例えば /タ/ と /ラ/ の違いなら、「調音法と声帯振動」(H6) を選ぶ。

◆**円唇化**　唇の円めの有無。ワ行子音も /ウ/ と同じ口構えで調音されているので、円唇性の強さの有無が認められる (H9)。

母音

◆**円唇化**　唇の円めの有無。/ウ/ の [u]と[ɯ]の違い (H9、H8、H4)。/オ/ の [o]と[ɤ] の違い (H6)。/イ/ の [i]と[y] の違い (H7)。多くの言語では、前舌母音は非円唇母音、後舌母音は円唇母音となりやすいが、日本語の後舌母音は、/オ/ は円唇、/ウ/ は非円唇。

◆**鼻腔の関与**　口蓋帆（口腔と鼻腔を隔てている部位）を下げ、鼻腔へも息を通すかどうか。母音と鼻母音の違い (H5、H4)。

◆**声帯振動**　母音の無声化の有無。/ここ//かかって/ などの広母音/a//o//e/でも無声化が生じる点に注意 (H3〜H9)。

◆**舌の高さ**　母音図の縦並びの音の違い。/イ//エ/ の違い (H4)。

◆**舌の前後の位置**　母音図の横並びの音の違い。/イ//ウ/ の違い (H6)。

◆**半母音の有無**　「舌の前後の位置」との複合で /ミ/[mi] と /ミュ/[mjɯ] の違いが問われた (H6)。

フローチャートで聴解試験問題３を克服

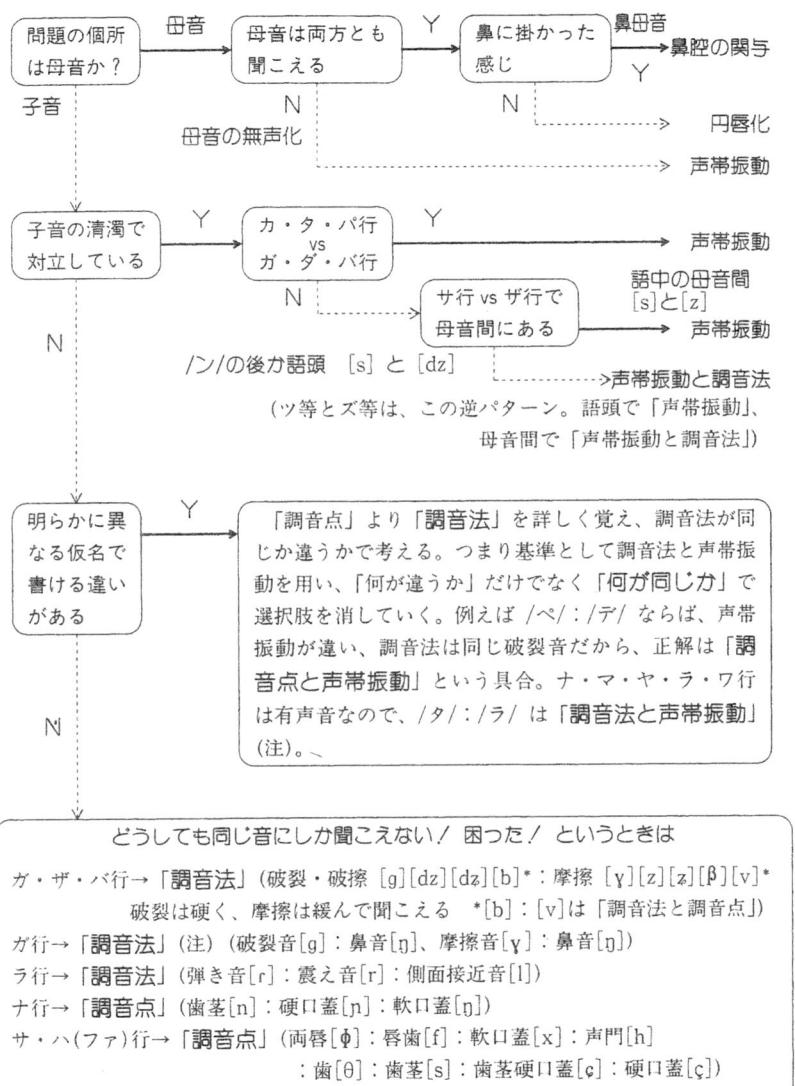

第4章 考える音声学

・第1課・ 用言、複合語のアクセント

この課のねらい　　　　　　　　　　（関連：H3～9聴解1,2、H8筆記1-2）

・用言のアクセントの法則性を知る。
・複合名詞のアクセントの法則性を知る。

用言のパターン　　日本語のアクセントの型は恣意的に社会習慣として決まっているものであるが、動詞・形容詞のアクセントにはある程度決まったパターンがある。

動詞　　「欠ける」「並べる」「掛ける」「隠れる」のアクセントは、平板型か、後ろから2番目の拍(以下、-2拍目)がアクセント

		五段	一段	サ変	五段	一段	カ変
		磨く 働く	開ける 始める	する	歩く 通る 集まる	食べる 勤める	来る
未然形	ない	ミガカナイ ハタラカナイ	アケナイ ハジメナイ	シナイ	アルカナイ トーラナイ アツマラナイ	タベナイ ツトメナイ	コナイ
未然形	(よ)う	ミガコー ハタラコー	アケヨー ハジメヨー	シヨー	アルコー トーロー アツマロー	タベヨー ツトメヨー	コヨー
連用形	ます	ミガキマス ハタラキマス	アケマス ハジメマス	シマス	アルキマス トーリマス アツマリマス	タベマス ツトメマス	キマス
連用形	た	ミガイタ ハタライタ	アケタ ハジメタ	シタ	アルイタ トーッタ アツマッタ	タベタ ツトメタ	キタ
終止形		ミガク ハタラク	アケル ハジメル	スル	アルク トール アツマル	タベル ツトメル	クル
仮定形	ば	ミガケバ ハタラケバ	アケレバ ハジメレバ	スレバ	アルケバ トーレバ アツマレバ	タベレバ ツトメレバ	クレバ
命令形		ミガケ ハタラケ	アケロ ハジメロ	シロ	アルケ トーレ アツマレ	タベロ ツトメロ	コイ

特殊拍との関係

カ⌐ケ¬ル　ナラベル　カ⌐ケ¬ル　カクレル

基本的に東京方言では、前ページの表のように、動詞はすべてこの2パターンになる。しかし、前ページの表の※のように「通る」「申す」「帰る」「返す」「入る」「参る」は、例外的に以下のようなアクセント型になる。

ト⌐ー¬ル　モ⌐ー¬ス
カ⌐エ¬ル　カ⌐エ¬ス　ハ⌐イ¬ル　マ⌐イ¬ル

/トール//モース/は-2拍目が長音、/カエル//カエス//ハイル//マイル/は母音である。このように、アクセント核になるべき拍が特殊拍(長音、促音、撥音)やそれに準ずる母音拍、無声化母音拍のときは、アクセント核が前にずれることがある。このような現象は、形容詞や複合語、固有名詞などでも観察される。また、無声化母音拍については、アクセント核が後ろにずれることもある。

形容詞

「赤い」「冷たい」「白い」「うれしい」のアクセントは、以下のように、動詞と同様、平板型か、-2拍目がアクセント核になる。基本的に東京方言では、下の表のように、形容詞はすべてこの2パターンになる。

ア⌐カ¬イ　ツ⌐メ¬タイ　シ⌐ロ¬イ　ウ⌐レ¬シイ

		赤い 明るい	白い うれしい
連用形	ない	ア⌐カ¬クナイ アカルクナイ	シ⌐ロ¬クナイ or シロク⌐ナ¬イ ウ⌐レ¬シクナイ or ウレシク⌐ナ¬イ
	た	ア⌐カ¬ッタ アカル⌐カ¬ッタ	シ⌐ロ¬カッタ or シロ⌐カ¬ッタ ウ⌐レ¬シカッタ or ウレシ⌐カ¬ッタ
	て	ア⌐カ¬クテ アカル⌐ク¬テ	シ⌐ロ¬クテ or シロ⌐ク¬テ ウ⌐レ¬シクテ or ウレシ⌐ク¬テ
終止形		ア⌐カ¬イ アカ⌐ル¬イ	シ⌐ロ¬イ ウ⌐レ¬シイ
仮定形	ば	ア⌐カ¬ケレバ アカル⌐ケ¬レバ	シ⌐ロ¬ケレバ or シロ⌐ケ¬レバ ウ⌐レ¬シケレバ or ウレシ⌐ケ¬レバ

しかし、これも、/オオ˥イ//トオ˥クテ/ のような母音拍や、/ヤサ˥シケレバ/ のように無声化母音拍がアクセント核になるときは、アクセント核が一つ前にずれることがある。

ゆれ

形容詞のアクセントは、/ア˥ブナイ/ が /アブナ˥イ/ に変化して平板式が-2拍目の起伏式になったものや、/ウ˥レシクテ/ と /ウレシ˥クテ/、/コ˥ワカッタ/ と /コワカ˥ッタ/、の両形が存在するものなど、ゆれが多い。

語＋語

複合名詞は、後要素の名詞によってアクセントの型が決まる。例えば、「～休み」のアクセントは、以下のように、前要素の型や拍数にかかわらず、すべて /～ヤ˥スミ/ となる。

　　ヒ˥ルヤスミ　ズ˥ルヤスミ　シケンヤ˥スミ

このように、後要素1拍目がアクセント核になるものは、「～休み」のほかに「～売場」「～大学」「～教師」「～ダンス」などがある。これらは、後要素の元のアクセント型が、中高型以外のものに見られる傾向である。後要素が中高型の「～植物（ショク˥ブツ）」「～物語（モノガ˥タリ）」などは、

　　コーザンショク˥ブツ　　カンヨーショク˥ブツ

のように、後要素の元の核の位置を保つ傾向が強い。

語＋接辞

名詞＋接辞類の場合も、後要素の接辞類によってアクセントの型が決まる。「～課」「～語」「～側」「～組」などは、

　　ソームカ　ショムカ　ケーリカ　ジンジカ

のように平板型になる。これに対して、「～機」「～市」「～館」「～券」「～学」などは、後要素の直前の拍、つまり前要素の最後の拍がアクセント核になる。

　　デ˥ンワキ　ソ˥ージキ　フ˥ンムキ

特殊拍との関係

しかし、前要素の最後の拍が特殊拍や母音や無声化母音拍の場合は、アクセント核が一つ前にずれる。

　　長音：ケ˥ーホーキ　セ˥ーヒョーキ
　　撥音：シャ˥ダンキ　サ˥イダンキ
　　促音：リョ˥カッキ　セ˥ンタッキ
　　母音：ケ˥ンバイキ　ジョ˥ースイキ
　　無声化母音：セ˥ンタクキ　イ˥ンサツキ

基本問題

問題1 次の記述が正しければ○、誤っていれば×を記せ。
(1) 五段動詞は、すべて起伏式アクセントになる。（　）
(2) 終止形でアクセント型が違う動詞も、「～ます」の形になると、アクセント核の位置は後ろから数えると同じになる。（　）
(3) 起伏式の動詞は、後ろから2拍目が特殊拍や母音のときは、アクセント核が前にずれることがある。（　）
(4) 形容詞は、わずかな例外を除き、平板型か、後ろから3拍目がアクセント核になる。（　）
(5) 形容詞のアクセントはゆれが多い。（　）

問題2 次の文章を読み、問いに答えよ。

> ト￣ル、カ￢ク、ヨ￢ム、デ￢ル、ク￢ル、ト￣ール、カ￢エル、ハ￢イル
> タベ￢ル、オギ￢ル、ナグ￢ル、ツト￢メル、モチイ￢ル、テツダ￢ウ

上の表の動詞のアクセント核の位置を前から数えると、2拍語では、（①）、3拍語では、（②）か（③）、4拍語では、（④）になる。しかし、これを逆から数えると、後ろから（⑤）となるのは2拍語、3拍語、4拍語で、後ろから（⑥）となるのは3拍語、という具合に、少し規則が簡単になる。これをさらに細かく見れば、後ろから（⑤）にあたる拍は、／ト￣ール／では（⑦）であり、／カ￢エル／／ハ￢イル／では（⑧）である。つまり、これらの拍の影響で、アクセント核が前にずれたという解釈が可能になるわけである。

次に、／オギ￢ル／／ナグ￢ル／／ツト￢メル／／テツダ￢ウ／について、活用形を整理してみると、

オギ￢ル、	ナグ￢ル、	ツト￢メル、	テツダ￢ウ
オ￢キタ、	ナグ￢ッタ、	ツト￢メタ、	テツダ￢ッタ
オギ￢ナイ、	ナグラ￢ナイ、	ツト￢メナイ、	テツダワ￢ナイ
オキマ￢ス、	ナグリマ￢ス、	ツトメマ￢ス、	テツダイマ￢ス

となるが、アクセント核の位置は、（⑨）と（⑩）は後ろから3拍目であり、

（⑪）と（⑫）は後ろから2拍目である。つまり、五段活用でも一段活用でも、音便が生じようと生じまいと、すべて同じ規則でくくれることがわかるのである。

問1 文中の（①）～（⑥）を埋めるのに、最も適当な語句を、次の選択肢から一つずつ選べ。同じものを何度用いてもよい。
  a．1拍目　　b．2拍目　　c．3拍目

問2 文中の（⑦）、（⑧）を埋めるのに、最も適当な語句を、次の選択肢から一つずつ選べ。
  a．口蓋化音　b．継続音　c．母音　d．長音　e．撥音
  f．促音

問3 文中の（⑨）～（⑫）を埋めるのに、最も適当な語句を、次の選択肢から一つずつ選べ。
  a．ル形(終止形、辞書形、原形)　b．夕形(過去形)
  c．ナイ形(未然形)　d．マス形(連用形)

問題3 次の文章中の（　）を埋めるのに最も適当な語句を、それぞれの選択肢a～dから一つずつ選べ。

　ある名詞、XとYが結合して「東京大学」「日本語教育」「生クリーム」のような「XY」という名詞を形成する際は、Yによってアクセントのパターンが決まる。Yのアクセント型がもともと（　1　）である場合は、単独で発音されたときのアクセント核の位置がそのまま生かされ、それ以外の場合は、（　2　）にアクセント核が置かれる傾向が強い。

　Xに、接辞zがついて「自動化」「図書館」「会社員」のような「Xz」という名詞を形成する際は、アクセントは（　3　）か平板型になる。ただし、（　3　）の場合、Xの最後の拍が、長音、（　4　）、促音、二重母音や、（　5　）した母音を含む拍であるときは、アクセント核が一つ前にずれる。

(1)　a．平板型　b．中高型　c．頭高型と尾高型　d．尾高型と平板型
(2)　a．Yの1拍目　b．Yの-2拍目　c．Xの最後の拍
　　d．あるときはXの最後の拍、あるときはYの1拍目

(3) a．頭高型　　b．中高型　　c．頭高型か中高型　　d．尾高型
(4) a．拗音　　b．撥音　　c．直音　　d．口蓋化音
(5) a．口蓋化　　b．無声化　　c．有声化　　d．転音

解答　問題1　(1)×　(2)○　(3)○　(4)×　(5)○
　　　　　問題2　問1 ①a　②a　③b　④c　⑤b　⑥c　ただし、②③は順不同。
　　　　　　　　　問2 ⑦d　⑧c
　　　　　　　　　問3 ⑨b　⑩c　⑪a　⑫d　ただし、⑨⑩、⑪⑫は順不同。
　　　　　問題3　(1)b　(2)a　(3)b　(4)b　(5)b

解説　問題1　(1)p.128のように五段動詞に平板化もあるので、(×)
　　　　　　　　(2)「欠ける」「掛ける」はどちらも /カケ⌐マス/ となるので、(○)
　　　　　　　　(3)起伏式の動詞は、後ろから2拍目が特殊拍や母音のときは、アクセント核が前にずれることがあるので、(○)
　　　　　　　　(4)形容詞は、わずかな例外を除き、平板型か、後ろから2拍目がアクセント核になるので、(×)
　　　　　　　　(5)形容詞のアクセントは、/オイジ⌐イ//オイシイ/ など、ゆれが多いので、(○)

　　　　　問題2　命令形などの他の活用形や「雨が降りそうだ」「プリンが食べたい」などの、助動詞が付いたときのアクセントについて、自分で整理してみよう。

　　　　　問題3　(1)後部Yが単独で中高型の場合は、XYという名詞になっても、アクセント核の位置がそのまま生かされる傾向が強い。
　　　　　　　　　　例：「植物」　/ショク⌐ブツ/→/カンヨーショク⌐ブツ/
　　　　　　　　　　　　「小学校」　/ショーガ⌐ッコー/→
　　　　　　　　　　　　　　　　　/ツツジガオカショーガ⌐ッコー/
　　　　　　　　(2)後部Yが頭高型、尾高型、平板型の場合、XYという名詞では、アクセント核がYの1拍目になる傾向が強い。
　　　　　　　　　　例：「検査」　/ケ⌐ンサ/→/シンタイケ⌐ンサ/
　　　　　　　　　　　　「男」　　/オトコ⌐/→/ネズミオ⌐トコ/
　　　　　　　　　　　　「学校」　/ガッコー/→/ニホンゴガ⌐ッコー/
　　　　　　　　(3)Xzで中高型のもの
　　　　　　　　　　例：「図書館」　/トショ⌐カン/「会社員」　/カイシャ⌐イン/
　　　　　　　　　　Xzで平板型のもの
　　　　　　　　　　例：「自動化」　/ジドーカ/「一時金」　/イチジキン/

応用問題

問題1 次の例は、日本語のある方言における名詞のアクセントの体系を記述したものである。これについて次の問いに答えよ。

2モーラ
　うし　HH　　いぬ　HL　　さる　LH
3モーラ
　さかな　HHH　きつね　HHL　ほたる　HLL　たぬき　LHL　うさぎ　LLH
4モーラ
にわとり　HHHH　いのしし　HHHL　あざらし　HHLL　こうもり　HLLL
うぐいす　LHLL　かまきり　LLHL　かわうそ　LLLH
　ここでHは高ピッチを、Lは低ピッチを表す。

問1 この方言における複合語のアクセントの型は、以下のようになる。
　牛犬　HHHL　牛ざる　HHHH　魚犬　HHHHL　魚ざる　HHHHH
　にわとり犬　HHHHHL
　　このとき、「にわとりざる」という単語のアクセントの型を、a～dの中から一つ選べ。
　　　a．HHHHHH　b．HHHHLL　c．LHHHHL　d．HHHHHL

問.2 この方言における複合語のアクセントの型は、以下のようになる。
　にわとりだぬき　HHHHHHL　　こうもりだぬき　HHHHHHL
　うぐいすだぬき　LLLLLHL　　かまきりだぬき　LLLLLHL
　　このとき、「うさぎだぬき」「あざらしだぬき」という単語のアクセントの型をa～dの中から一つずつ選べ。
(1) うさぎだぬき
　　　a．LLLHLL　b．LLHHHL　c．HHHHHL　d．LLLLHL
(2) あざらしだぬき
　　　a．LLLLHLL　b．HHLLLLL　c．HHHHHHL　d．LLLLLHL

問3 この方言における複合語のアクセントの型は、以下のようになる。
　牛いのしし　HHHHHL　牛あざらし　HHHHLL　牛こうもり　HHHLLL

牛うぐいす HHHHLL　牛かまきり HHHHHL　牛かわうそ HHHHHH

　このとき、「カーニバルHHHLL」および「カレンダーLHLLL」が複合語の後要素になる、「牛カーニバル」「牛カレンダー」という単語のアクセントの型を、a～dの中から一つずつ選べ。

(1) 牛カーニバル
　　a.HHHHHHH　b.HHHHHHL　c.HHHHHLL　d.HHHHLLL
(2) 牛カレンダー
　　a.HHHHHHH　b.HHHHHHL　c.HHHHHLL　d.HHHHLLL

問題2 【CDTrack39を聞いてください（2度ずつ流れます）】
　　女性と男性の発音の相違点として、最も適当なものは、どれとどれか。a～dの中から二つずつ選べ。
　　a．アクセント　　b．イントネーション　　c．ポーズ　　d．速さ

(1)___　(2)___　(3)___　(4)___　(5)___

___　___　___　___　___

第1課　用言、複合語のアクセント

解答　問題1　問1 a　問2 (1)d　(2)c　問3 (1)c　(2)d
　　　　問題2　(1)a,d　(2)a,c　(3)b,d　(4)a,b　(5)b,c

解説　問題1　問1　後要素の「～ざる」は、問1の条件内では常にHH。「にわとり～」がHHHHなので、「にわとり～」+「～ざる」はHHHH+HHになる。
　　　　問2　Hで始まる「にわとり(HHHH)」「こうもり(HLLL)」は、「～だぬき」でHHHHHHLになり、Lで始まる「うぐいす(LHLL)」「かまきり(LLHL)」は、「～だぬき」でLLLLLHLになる。つまり、前要素1モーラ目がHなら、「～だぬき」はHHLになり、前要素1モーラ目がLなら、「～だぬき」はLHLになる。前要素の第1モーラから、後要素の第1モーラの「だ」までは、高さが同じになる。
　　　　(1)「うさぎ」はLで始まるので、「うさぎだぬき」はLLLLHLになる。
　　　　(2)「あざらし」はHで始まるので、「あざらしだぬき」はHHHHHHLになる。

問3 「いのしし(HHHL)」「あざらし(HHLL)」「こうもり(HLLL)」は、複合語になってもそのまま。「うぐいす(LHLL)」「かまきり(LLHL)」「かわうそ(LLLH)」は、複合語になると、Hより前のLはすべてHになる。また、「牛〜」という複合語はすべてHHH…となる。
(1)「カーニバル(HHHLL)」→「〜カーニバル(…HLL)」になる。
(2)「カレンダー(LHLLL)」→「〜カレンダー(…HLLL)」になる。

問題2 (1)女：きのう、よく勉強した↗(遅)
　　　　男：きのう、よく勉強した↗(速)
　　　(2)女：あの人のギャグ笑えないね
　　　　男：あの人のギャグ‖笑えないね
　　　(3)女：そうは聞こえなかったね→(遅)
　　　　男：そうは聞こえなかったね↘(速)
　　　(4)女：だめですよ‖話がながくて
　　　　男：だめですよ‖話がながくて
　　　(5)女：あれが‖指導きょうかん↗
　　　　男：あれが指導きょうかーん↗

長昇のイントネーションの上昇は、通常、おもに最後の1拍にのみ生じるが、句末拍が/ン//イ/のときは、「指導教官⁉(シドウキョウカーン)」「パソコン⁉(パソコーン)」「懇親会⁉(コンシンカーイ)」のように、その前の母音から引き延ばしが生じることもある。また、/イ̄キマセン//イ̄キタイ//イ̄キマショー/ などが上昇調になると、アクセント核での下降が失われ、/セン//タイ//ショー/ などが浮き上がるような言い方/イ̄キマセン↗//イ̄キタイ↗//イ̄キマショー↗/ になることもある。

第2課 音節構造

この課のねらい （関連：H3～9聴解3、4、H9筆記I-3、H7筆記II-6、S63筆記）

・特殊拍の異音について、その基本原理を押さえる。
・拍、モーラと異なる単位である、音節について理解する。

長音の異音　　長音は、母音の引き延ばしである。国際音声記号では、母音の後に［ː］を付けて、「お姉様」[oneːsama]、「多い」[oːi]のように表記する。正書法で「えい」「おう」と書くものも、一音一音明確に発音する場合以外は、「けいえい」[keːe]、「どうせ」[doːse]のように長音になる。

母音連続　　ただし、「牡牛（おうし）」「小唄（こうた）」「絵入り」「している」のように「おう」「えい」間に形態素境界がある語や、「追う」「酔う」「姪（めい）」「招いて」など和語の一部の語は、長音ではなく**母音連続**なので、[oɯ][ei]と発音される傾向が強い。

促音＋摩擦音　　「前の母音を1拍分後ろに引き延ばす」長音とは逆に、**促音は、「後の子音を1拍分前に引き延ばす」**ことで生じる拍である。ゆっくりと、しかし途切れないように、/イショ//イッショ/と発音すると、/ッ/の個所でシーという息漏れが続いていることがわかる。つまり促音は、後続音が摩擦音ならば、
・[s] の前で [s]：/バッサリ/[bassari] など
・[ɕ] の前で [ɕ]：/ギッシリ/[giɕɕiri] など
のように、調音点に応じた摩擦音となる。

促音＋破裂音　　後続音が破裂音・破擦音などの瞬間音なら、
・[p] の前で [p]：/イッパ/[ippa] など
・[t][ts][tɕ] の前で [t]：/アッタ/[atta]、/ヨッツ/[jottsɯ]、/イッチ/[ittɕi]（この [t] は実際には口蓋化している）など
・[k] の前で [k]：/アッカ/[akka] など
のように、調音点に応じた破裂音となる。

なお、後続音のない状態「あっ！」では、[aʔ] のように声

門閉鎖状態となることがある。

撥音＋破裂音　撥音は、**後続音と同じ調音点の鼻音を1拍分引き延ばすことで生じる拍**である。後続音が破裂音・破擦音・鼻音のときは、

- 両唇音 [p][b][m] の前で [m]：/サンポ/[sampo]、/サンビキ/[sambiki]、/ホンモ(本も)/[hommo] など
- 歯茎音 [t][d][n][ɾ][ts][dz][tɕ][dʑ] の前で [n]：/ホント/[honto]、/コンド/[kondo]、/アンナイ/[annai]、/ベンリ/[benɾi]、/パンツ/[pantsɯ]、/シンゾー/[ɕindzoː]、/キンチョー/[kintɕoː]、/カンジョー/[kandʑoː] など(歯茎硬口蓋音は、/キンチョー/[kiɲtɕoː] とする説もある)。
- 硬口蓋音 [ɲ] の前で [ɲ]：/コンニャク/[koɲɲakɯ] など
- 軟口蓋音 [k][g][ŋ] の前で [ŋ]：/サンコ/[saŋko]、/ホンガ(本が)/[hoŋga]～[hoŋŋa] など、になる。

長子音　促音と後続音は、記号では2子音だが、実際は、**瞬間音なら単なる無音区間の延長、継続音なら摩擦の持続**である。同様に、鼻音の前の撥音は、**鼻音の持続**である。そこで、子音に [ː] を用いて、/イッポ//アッサリ//サンマ/ を、[ipːo][asːaɾi][samːa] のように「長子音(ちょうしいん)」で表記する方法もある([ipoː]/イポー、[asaɾiː]/アサーリ、[samaː]/サマー/ではない)。調音時の閉鎖(狭め)と破裂は一度ずつで、持続の延長なのだから、このほうが実態には近い。

撥音＋摩擦音　/オンセー/ のように後続音が摩擦音のときも、基本的には同じ調音点の鼻音になるが、完全に閉鎖するわけではないので、記号化が難しい。簡略表記では、概略、[h][s][ɸ] の前で [ɯ̃]、[ɕ][ç] の前で [ĩ] のような**鼻母音**となると考え、[oɯ̃seː] のように表記する。

撥音＋母音　母音・半母音の前の /ン/ も、/タンイ/[taĩ]、/アノヘンエ/[anoheẽ]、/シンヤ/[ɕiĩja] のように**鼻母音**となる。しかし、前後の母音の組み合わせにより鼻母音の音色も微妙に変わるため、精密表記しようとするとキリがない。非常に丁寧な発音では**口蓋垂-鼻音** [N] となるので、これを利用して [ta

/ン/の誤り	Ni]のように表記することも多い。これは、/ホン/[hoN]のような、/ン/での言い切りのときと同じ記号である。
学習者の発音では、「日本へ」「日本を」が、/ニホネ//ニホノ[ɲihono]/になりがちである。これは、母音の前の /ン/ を [n] で代用して、舌先を歯茎につけてしまうという調音点の問題が大きいが、加えて、**音韻的音節(拍)**の問題もある。
拍感覚	音節には、**音声的音節**と**音韻的音節**がある。音声的音節は、言語によらず同一の基準で測られるが、音韻的音節は言語ごとに異なる基準で測られるため、その言語の話者には明瞭に意識されるが、それ以外の言語話者には把握しにくい。学習者が拍感覚をなかなか習得できないのは、拍が、彼らの母語の音韻的音節と異なるためである。
音声的音節	伝統的な定義では、「**その前後に切れ目があり、内部には切れ目が感じられない単音連続**」を**音声的音節**といい、母音や一部の有声子音の前後に子音が結合して1音節が構成される。子音をC、母音をVとすると、(C+C…)+V(+C+C…)となる。V一つの音節もあるし、英語の script[skɹipt] のように、CCCVCCで1音節になるものもある。
音節とモーラ	音声的音節に当たる単位を、「音節」「モーラ」の二本立てで日本語の音韻論に適用した場合、特殊拍の**促音 /Q/**、**撥音 /N/**、**長音 /R/** は、**音節の後部モーラ**になる。1音節は基本的に1モーラか2モーラだが、3モーラになるものもある。

	モーラ	音節
カメラ /kamera/	カ・メ・ラ(3)	カ・メ・ラ(3)
カン /kaN/	カ・ン(2)	カン(1)
経営 /keReR/	ケ・ー・エ・ー(4)	ケー・エー(2)
絵入り /eiri/	エ・イ・リ(3)	エ・イ・リ(3)
ショック /sjoQku/	ショ・ッ・ク(3)	ショッ・ク(2)
グリーン /guriRN/	グ・リ・ー・ン(4)	グ・リーン(2)
とおった /toRQta/	ト・ー・ッ・タ(4)	トーッ・タ(2)

開音節・閉音節	母音で終わる音節を**開音節**、子音で終わる音節を**閉音節**という。基本的に英語は閉音節が多く、日本語は開音節が多いので、英語を閉音節言語、日本語を開音節言語という。ただし、日本語でも、特殊拍 /N//Q/ 終わりの音節は閉音節となる。

基本問題

問題1 次の記述が正しければ○、誤っていれば×を記せ。
(1)「追う」という語は日常会話では常に長音で発音される。（　）
(2)「ん」は、後続音が何であっても、常に鼻音で発音される。（　）
(3)「おおい」は国際音声記号では、[oːi]と表記される。（　）
(4)促音の異音がすべて無音状態であるとは限らない。（　）
(5)語中の撥音と次拍の子音の調音法は、常に同じになる。（　）
(6)どんな方言であっても、日本語の基本単位はモーラである。（　）

問題2 次の語の音節数とモーラ数を、それぞれ（　）内に書け。ただし、/N/(ン)、/Q/(ッ)、/R/(ー)は、単独では音節にならないモーラと見なす。

(1)「平仮名」　　　　　　（　）音節で（　）モーラ
(2)「検定試験」　　　　　（　）音節で（　）モーラ
(3)「日本語教育能力」　　（　）音節で（　）モーラ
(4)「今日中に出す」　　　（　）音節で（　）モーラ
(5)「特急新宿行き」　　　（　）音節で（　）モーラ
(6)「インターネット利用法」（　）音節で（　）モーラ

問題3 【CDのTrack40を聞いてください(2度ずつ流れます)】
男性と女性の発音の相違点として、適当なものはどれか。a、b、cの中から一つ選べ。

　　a．円唇化　　b．鼻腔の関与　　c．舌の高さ

(1)＿＿　(2)＿＿　(3)＿＿　(4)＿＿　(5)＿＿

解答　問題1　(1)×　(2)○　(3)○　(4)○　(5)×　(6)×
　　　　 問題2　(1)(4)音節で(4)モーラ　(2)(4)音節で(7)モーラ
　　　　　　　　(3)(9)音節で(12)モーラ　(4)(5)音節で(7)モーラ
　　　　　　　　(5)(7)音節で(10)モーラ　(6)(7)音節で(12)モーラ
　　　　 問題3　(1)c　(2)b　(3)c　(4)b　(5)a

解説 問題1 (1)「追う」は日常会話では母音連続 /オウ/ と発音されるので、(×)
(2)「ん」は、一言でいえば調音点の異なる鼻音と鼻母音の総体なので、
(○)
(3)「おおい」は国際音声記号では [oːi] と表記されるので、 (○)
(4)摩擦音の前の促音では、摩擦音が出つづけているので、 (○)
(5)[tonda] の [n] と [d] では、調音法が鼻音と閉鎖音とで異なるので、 (×)
(6)伝統的東北方言などは「音節」を単位とする方言なので、(×)

　日本の方言は、東北方言のように、音節を最小単位とする「シラビーム方言」と、東京方言のように、音節をさらにモーラに切り出せる「モーラ方言」に分かれる。また、同じモーラ方言でも、近畿方言では、1モーラ語の「手」「目」「毛」などが長めに発音される特徴がある。

問題2　　　音節　　　　　　　　　　　　　　モーラ
(1)/ヒ.ラ.ガ.ナ/　　　　　　　　　　　　　/ヒ.ラ.ガ.ナ/
(2)/ケン.テー.シ.ケン/　　　　　　　/ケ.ン.テ.ー.シ.ケ.ン/
(3)/ニ.ホン.ゴ.キョー.イ.ク.ノ.リョ.ク/
　　　　　　　　　　　/ニ.ホ.ン.ゴ.キョ.ー.イ.ク.ノ.ー.リョ.ク/
(4)/キョー.ジュー.ニ.ダ.ス/　　　/キョ.ー.ジュ.ー.ニ.ダ.ス/
(5)/トッ.キュー.シン.ジュ.ク.イ.キ/
　　　　　　　　　　　/ト.ッ.キュ.ー.シ.ン.ジュ.ク.イ.キ/
(6)/イン.ター.ネッ.ト.リ.ヨー.ホー/
　　　　　　　　　　　/イ.ン.タ.ー.ネ.ッ.ト.リ.ヨ.ー.ホ.ー/
　　　　　　　　　　　（音節境界、モーラ境界を/./で表す）

　音節の後要素になる特殊モーラには、このほか、/アイ//オイ//ウイ/ 等の二重母音の後部モーラ /J/ や、母音が無声化したモーラなどを含める解釈もあるが、ここでは /R//N//Q/ の三つとした。これに関しては説による違いがあるので、検定試験で出題される際には、必ず説明がつくはずである。

　また、音節は、伝統的には、モーラにあたる単位を表す語として使われていたため、特殊拍を「特殊音節」と称し、それだけで1音節と数える立場もある。つまり、「/ニッポン/ は2音節だ」というのは「音節」「モーラ」を区別する立場、「/ニッポン/ は4音節だ」というのは、両者を区別せずモーラにあたる単位を「音節」と称する立場である。「音節」という語が出てきたときは、特殊拍をどう扱っているか、注意する必要がある。

問題3　(1)女：いいい、ほんとう？　　　男：(「えええ」)で、舌の高さ
　　　(2)女：えええ、うっそ（鼻母音）　男：(II母音)で、鼻腔の関与

第2課　音節構造

(3) 女：ええぇ、ほんとう？　　　男：「トゥー」で、舌の高さ
(4) 女：ええぇ、うっそ（口母音）男：（鼻母音）で、鼻腔の関与
(5) 女：ええぇ、ほんとう？（円唇）男：（非円唇）で、円唇化

応用問題

問題1　「本を」「本屋」が「ホノ」「ホニャ」になる学習者のための練習用例文を集めたい。そのための例文だけで構成されている選択肢はどれか。1～5の中から一つ選べ。

1. 「2万円」「3、4分」「パンやたまご」「カバンを買う」
2. 「原因」「30分」「日本より小さい」「日本の人」
3. 「禁煙」「専門」「新聞」「店員にきく」
4. 「3,000円」「3階」「3本」「3年目」
5. 「今夜」「便利」「日本へ来た」「公園を通る」

問題2　【CDのTrack41を聞いてください（2度ずつ流れます）】

　　日本語の学習者が短い日本語文を読んでいる。それぞれの文の特に下線を引いた部分には、発音上の誤りが観察されるが、その誤りの特徴を、選択肢a、b、c、dの中から一つ選べ。例えば、

　　例：ゼッタイオイシイッテ店ナンダケド。

で、この /ゼ/ を /ジェ/ のように言っていたら、/ジェ/の子音では前舌が硬口蓋前部に接触し、おおむね1番のcのようになるので、答えはcである。

1番：コノ漢字ワ、ツカイマセン。

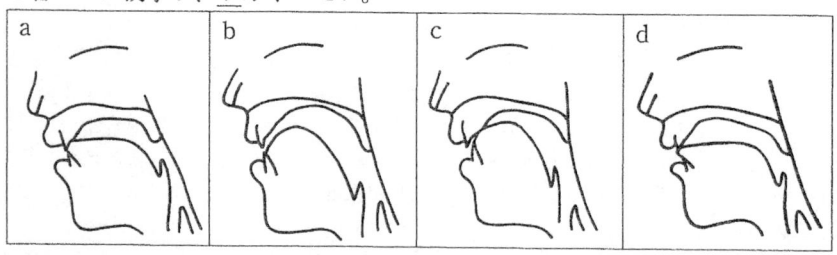

2番：ウシロニアリマスヨ。

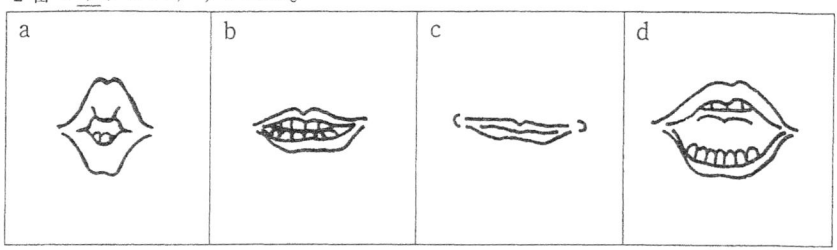

3番：コノカンジワ、ツカイマセン。

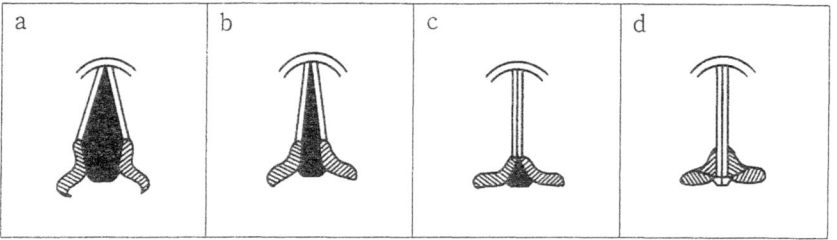

(声門の状態)

4番：ブタニクワ、タベマセン。

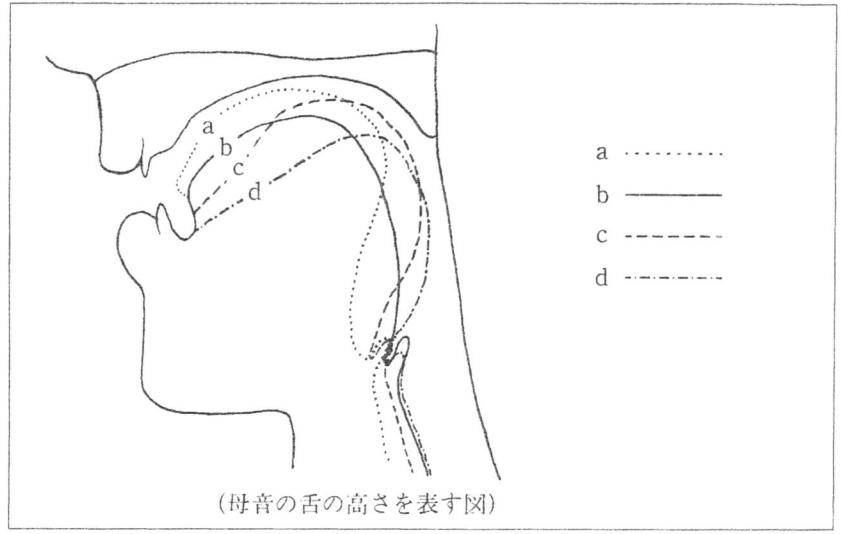

(母音の舌の高さを表す図)

第2課　音節構造

5番：図書館デ、ホンヲカリマシタ。

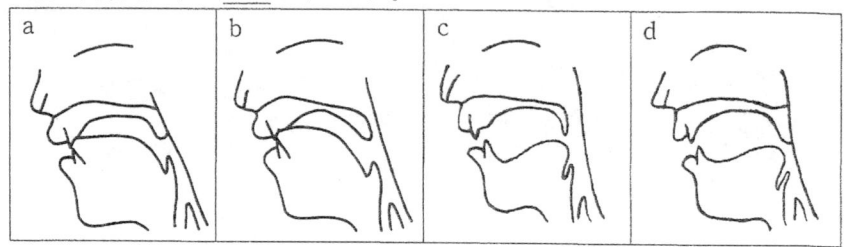

6番アレワ、チョット、ムリデスヨ。

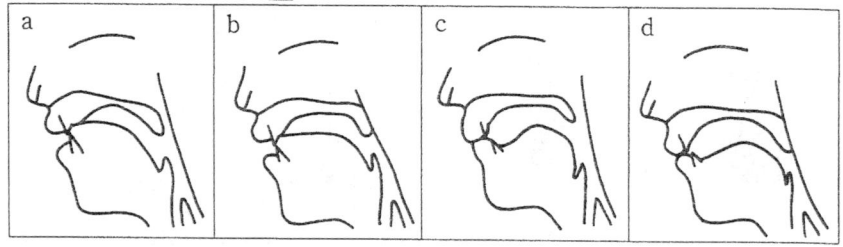

😊解き方のヒント😊

「発音上の誤りが観察される」のであるから、下線部の仮名の表す「正しい」状態の図は、絶対に正解に選ばれない。例えば1番a、2番b、3番b、4番a、5番c、6番cは「正しい状態」なので、CDを聞く前から除外できる。すると問題が3択になる。また、学習者の誤りの傾向（p.33参照）をあらかじめ知っておけば、選択肢はさらに絞り込める。

特に声門の状態図には、この方法が有効。正解はbかdしかない。正しく発音しようと努力して、発音を誤って息を吸ったりササヤいたりする学習者などいるはずがない。事実上、2択の問題で、一方は「正しい」のであるから、下線部の仮名が有声音なら無声音、無声音なら有声音と、自動的に答えが決まる。また、唇の状態図も、円唇なら非円唇、非円唇なら円唇という違いで出題される可能性が高い（ただし油断は禁物）。

解答　問題1　I
　　　　問題2　(1)d　(2)a　(3)d　(4)b　(5)b　(6)d

解説　問題1　/ン/の後が母音や半母音のものを選べばいい。「へ」「を」などの表記に惑わされないように。問題文の条件に合う個所を下線で表す。

1. /ニマン**エ**ン//サン**ヨ**ンプン//パン**ヤ**//カバン**オ**/
2. /ゲン**イ**ン//サンジップン//ニホン**ヨ**リ//ニホン**ノ**/
3. /キン**エ**ン//センモン//シンブン//テン**イ**ンニ/
4. /サンゼンエン//サンガイ//サンボン//サンネンメ/
5. /コン**ヤ**//ベンリ//ニホン**エ**//コーエン**オ**/

　1は、「ニマネン」「サニョンプン」「パニャ」「カバノ」と誤る可能性が高い。

　このような、音節末の子音が後続母音にわたる現象は、英語のcome on [kʌmon]、one out [wɑnɑʊt] をはじめ多くの言語に見られる。フランス語の「リエゾン」(les [le] + enfants [ɑ̃fɑ̃] → les anfan [lezɑ̃fɑ̃] のように、普段発音されない子音字が、母音始まりの語と結合して発音される現象）も、この一種である。

　日本語にも、平安～室町期には、三/sam/、山/san/、雪/set/のような [m] [n] [t] 終わりの漢字音があり、これらに母音や半母音が後続すると、観/kan/ + 音/on/ → 観音/kannon/のようにマ行、ナ行、タ行になる現象があった。これを「**連声**（れんじょう）」という。現代日本語の一部に、「**三位**（さんみ）**一体**」「**反応**（はんのう）」「**観音**（かんのん）」「**雪隠**（せっちん）」の「**位**（み）」「**応**（のう）」「**音**（のん）」「**隠**（ちん）」のような特殊な読みがあるのは、この連声の名残である。

問題2　1番：/ツ/の子音が英語のthのような [θ]（歯-摩擦音）になっている。舌先を歯で挟んだdが近い。/セ/も同様に歯音になっている。

2番：「うしろ」の非円唇母音/ウ/の円唇性が強く、/オ/のように聞こえるので、aが最も近い。aの図の円唇母音とbの図の非円唇母音の聞き分けは、耳だけに頼ると難しいが、試験対策としては、この場合、bだと「正しい」状態になってしまうので、自動的にaが正解になる。

3番：図aは吸気、bは無声音、cはササヤキ、dは有声音および声門-破裂音を表す。「漢字」の/カ/が/ガ/に聞こえるので、有声音のd。

4番：図の線aは/イ/、bは/エ/、cは/ウ/、dは/オ/を表す。「ぶたにく」の/ニ/が/ネ/に聞こえるので、bが一番近い。

5番：「本を」の/ン/で舌先が歯茎に接触し、次拍の母音に影響して/ンノ/に聞こえるので、口蓋帆が下がって鼻腔へ呼気が流れ、舌先が歯茎に接触するbが一番近い。

6番：「無理」の/ム/が/ブ/に聞こえるので、両唇が閉鎖し、口蓋帆が閉じて鼻腔へ呼気が流れないdが一番近い。

146　第4章◆考える音声学

・第3課・　音韻論

この課のねらい　(関連：H3〜9聴解3、4、H8筆記 I -10、H7筆記 I -4、H3筆記 I -12)

- ラ行子音の異音について正しく理解する。
- 相補分布など、音韻論について詳しく理解する。

[t][d][n]と[l]　　[l]と[t]は調音法が異なるのだが、頭部を中央で割った断面図では、図1と図2のように全く同じになってしまい、違いがわからない。実際は、両者は**舌の口蓋への接触**が異なっており、[t]では全くすき間がないが(図5)、**側面接近音**[l]では、両脇の狭めが緩く、縁から息が抜ける(図4)。

[s]のすき間　　ちなみに、[s]は、歯茎ですき間が生じるが、口蓋に舌が全く接触しないわけではない。すき間が生じるのは舌の中央部のみで、縁は口蓋に接触している(図6)。

確認の方法　　このことは、ハ行の調音点を確認したのと同様の手法で、息を吸ってみるとわかる。[s]の口構えで息を吸うと、歯茎

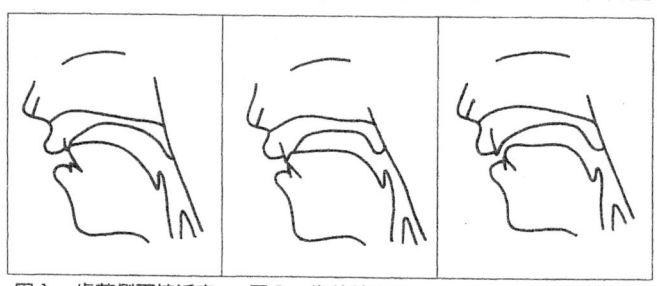

図1　歯茎側面接近音　　図2　歯茎破裂音　　図3　歯茎摩擦音

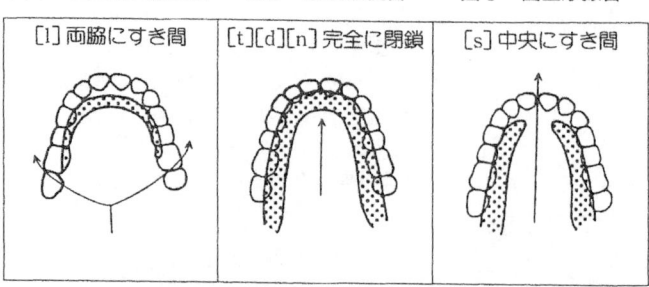

図4　歯茎側面接近音　　図5　歯茎破裂音　　図6　歯茎摩擦音

の中央が涼しくなるが、[l] では、舌の両脇が涼しく感じられ、**主要調音点が側面にある**ことが理解できる。[t] の口構えでは、**完全に閉鎖**が行われるため、息が吸えない。

自由異音　　日本語のように /l//r/ 関係の音（**流音**）が一種しかない言語では、異音のカバー範囲が広く、[kaɾeː]/カレー/ と言うべきところを、[kaleː] と言っても、[kareː] と言っても意味は変わらない。[ɾ][l][r] は、後の母音が /i/ でも /a/ でも、また、語頭でも語中でも、どのような環境でも生じ得る異音なので、**自由変異**の関係にある**自由異音**という。

条件異音　　これに対し、前後の環境により具体音声が決まる異音を、**条件異音**という。例えば、撥音の代表的な異音を取り上げて総当たり表を作ると、以下のようになる。

異音＼環境	[p][b][m]の前	[t][d][n]の前	[ɲ]の前	[k][g][ŋ]の前
[m]	○	×	×	×
[n]	×	○	×	×
[ɲ]	×	×	○	×
[ŋ]	×	×	×	○

相補分布　　このように、条件異音がお互いの領域を侵さず、補い合うように分布することを、**相補分布を成す**（相補的に分布する）という。ハ行音も、[h] は [a][e][o] の前にしか現われず、[i] の前で [ç]、[ɯ] の前で [ɸ]、という具合に母音に応じて調音点が変化し、相補分布を成すことがわかる。

異音＼環境	[a][e][o]の前	[i]の前	[ɯ]の前
[h]	○	×	×
[ç]	×	○	×
[ɸ]	×	×	○

種々の作業原則　　しかし、この表を見て疑問を抱いた人はいないだろうか。確かに日本語には [hi][hɯ] はないが、/ヒャ//ヒュ//ヒョ/ は [ça][çɯ][ço] と書くのに、なぜ×なのか？

これはもっともな疑問なのだが、音韻論には、
「環境による同化で説明できる違いには別音素を立てない」
「音素は非常に体系的な分布を示す」
「音素の数はなるべく少ないほうがよい」

などの種々の作業原則があり、この場合、拗音は、別音素を立てずに、他の拗音と同じCjV構造と同じ /hja/ とし、直音イ段の口蓋化は調音点同化なので、/hi/ とし、
/ha hi hu he ho hja hju hjo/（ハヒフヘホヒャヒュヒョ）と見なしたほうが、優れた論だと考えられるのである。

音素の数　そのような多くの議論を経て、日本語の子音音素には、

```
/h//k//s//c//t//p/
/g//z/  /d/b//n//m//r//j//w/
```

の15を認める説が一般的である。これに母音 /a//i//u//e//o/ と特殊拍 /N//Q//R/ を加えると、音素の数は23となる。

破擦音音素　/c/ は、/チ//ツ//チャ//チュ//チョ/ の子音を表す。タ行の解釈には諸説あり、内閣訓令式ローマ字と同じ論法で、5母音が相補分布を成すと考え、/ta ti tu te to/ のように /t/ 一つにまとめる説もあるが、対立するダ行のヂヅ類が欠けていることや、/ティ//トゥ//ツァ//チェ/…などの**外来語音**の存在を考慮すると、/c/ が必要となる。その場合、/ci/＝[tɕi]、/cu/＝[tsɯ]、/ti/＝[tʲi]、/tu/＝[tɯ] である。/s//c//z/ の音素と異音の対応を整理すると、次のようになる。

```
              -i    -i以外         -i     -i以外
破擦音   [dʑ][dz]→/z/   /c/←[tɕ]   [ts]
摩擦音   [ʑ][z]→/z/    /s/←[ɕ]    [s]
```

[dʑ][ʑ][tɕ][ɕ] と [dz][z][ts][s] は、[i] の前で歯茎硬口蓋音：それ以外で歯茎音、と相補的に分布するので、別音素を立てない。また、ザ行は、語頭や促音・撥音の後で破擦音：それ以外で摩擦音なので、やはり一音素にまとめる。

鼻濁音音素　ガ行に関しては、「大鳥」「英語」の /ガ//ゴ/ は鼻濁音（おおがらす）になり、「大ガラス」「A5」の /ガ//ゴ/ はならないので、これらを最小対と見なし、鼻濁音に一音素 /ŋ/ を立てる説がある。タ行を /t/ と /c/ に分けても、拍の総数は変わらないが、/g/ のほかに /ŋ/ を立てる場合は、日本語の拍の種類に、/ŋa//ŋi//ŋu//ŋe//ŋo//ŋja//ŋju//ŋjo/ が増えることになる。

基本問題

問題1 次のa〜gのうち、相補分布を成す条件異音はどれか、三つ選べ。
  a. 語頭の /s/ における歯音と歯茎音
  b. 語頭の /g/ における鼻音と閉鎖音
  c. 語頭の /z/ における歯茎音と歯茎硬口蓋音
  d. 語中の /h/ における両唇音と硬口蓋音と声門音
  e. 語末の後舌狭母音における円唇母音と非円唇母音
  f. 語末の撥音における両唇音と口蓋垂音
  g. 語中の促音における摩擦音と閉鎖音

問題2 【CDTrack42を聞いてください（2度ずつ流れます）】
男性と女性の発音の相違点として、最も適当なものはどれか。a、b、cの中から一つ選べ。
  a. 調音法　　b. 調音法と調音点　　c. 調音法と声帯振動

(1)＿＿　(2)＿＿　(3)＿＿　(4)＿＿　(5)＿＿　(6)＿＿

問題3 【CDTrack43を聞いてください（2度ずつ流れます）】
男性と女性の発音の相違点として、最も適当なものはどれか。それぞれのa〜dの中から一つ選べ。
  a. 調音点　　b. 調音法　　c. 円唇化　　d. 声帯振動

(1)＿＿　(2)＿＿

  a. 調音点　　b. 調音法　　c. 鼻腔の関与　　d. 声帯振動

(3)＿＿　(4)＿＿

  a. 気息の有無　　b. 声帯振動
  c. 声帯振動と調音法　　d. 声帯振動と調音点

(5)＿＿　(6)＿＿

☺解き方のヒント☺

「/ダ/ と /ナ/ の違いは？」という設問で、「調音法」が選択肢にない場合は、「鼻腔の関与」を選ぶ。逆に、「鼻腔の関与」がない場合は、「調音法」を選ぶ。だから、(3)(4)のように「調音法」と「鼻腔の関与」両方があるとき、/ダ/ と /ナ/ を出題したら、どちらも正解になってしまうので、絶対に「鼻腔の関与」が選ばれることはない（「調音法」は他の子音、例えば /ダ/ と /ラ/ の正解となり得る）。ただし、母音の違いであれば、「調音法」を用いないので、母音と鼻母音の違いは、「鼻腔の関与」が正解となる。

解答　問題1　c、d、g（順不同）
　　　　問題2　(1) a　(2) b　(3) a　(4) c　(5) b　(6) a
　　　　問題3　(1) d　(2) b　(3) a　(4) c　(5) a　(6) c

解説　問題1　自由異音と条件異音とは、きれいに二分できない場合も多いが、ここでは、偶発的・個人的な条件で生じたり生じなかったりするものは自由異音、環境により音が決まるものは、条件異音だと考える。

a. /s/ の歯茎音 [s] が歯音 [θ] になるのは偶発的なので、自由異音。
b. 語頭拍の /g/ は破裂音 [g] になるのが普通で、鼻音 [ŋ] になるのは偶発的なので、自由異音。
c. /z/ は [i] の前で歯茎硬口蓋音 [dʑ]、それ以外の母音の前で歯茎音 [dz] なので、条件異音。
d. /h/ は [ɯ] の前で両唇音 [ɸ]、[i] の前で硬口蓋音 [ç]、[a][e][o] の前で声門音 [h] なので、条件異音。
e. 非円唇母音 [ɯ] が円唇母音 [u] になるのは偶発的なので、自由異音。
f. 語末の口蓋垂音 [ɴ] が両唇音 [m] になるのは偶発的なので、自由異音。
g. 語中の促音は、摩擦音の前で摩擦音、破裂音および破擦音の前で破裂音になるので、条件異音。

問題2　(1)男：もう見な<u>れ</u>ました（有声-歯茎-鼻音）
　　　　　　女：　　見<u>ら</u>れ　　（有声-歯茎-弾き音）で、調音法。
　　　(2)男：み<u>じ</u>んもない（有声-歯茎硬口蓋-摩擦音）
　　　　　　女：み<u>り</u>ん　　（有声-歯茎-弾き音）で、調音点と調音法。
　　　/ジ/ は摩擦音だが、摩擦音か破擦音かがわからなくても、解答は「調音法」。/リ/ は口蓋化しているが、主要調音点は歯茎なので、調音点も異なる。

(3)男：三日れんぞくなの(有声-歯茎-側面接近音)
　　女：　　れんぞく　　(有声-歯茎-弾き音)　で、調音法。
(4)男：かていがよくない(無声-歯茎-破裂音)
　　女：カレー　　　　　(有声-歯茎-弾き音)
　　　　　　　　　　　　　　　　で、調音法と声帯振動。
(5)男：かれがいるんですか(有声-歯茎-弾き音)
　　女：かめ　　　　　　(有声-両唇-鼻音)
　　　　　　　　　　　　　　　　で、調音点と調音法。
(6)男：だれがいいの(有声-歯茎-弾き音)
　　女：だれ　　　(有声-歯茎-震え音)　で、調音法。
　　ラ行が同じ音に聞こえたときは、[ɾ] か [r] か [l] かの可能性が高いが、聞いた感じ、[r] は威勢のいい、悪くいえば品の悪い音。[l] は軽く明るい音。どちらも有声歯茎音なので、解答は「調音法」の違い。インドネシア語母語話者など、震え音が /r/ の実現形となる言語の話者は、日本語の /r/ を震え音で発音することがある。/r/ の具体音声は、言語によりかなり異なる。ちなみに英語の /r/ は、イギリス英語では、歯茎接近音 [ɹ]、アメリカ英語では、舌先が硬口蓋に向かって反り返る、そり舌接近音 [ɻ] である。

問題3　(1)男：なんていったんですか？(無声-歯茎-破裂音)
　　　　女：なんで　　　　　　(有声-歯茎-破裂音)で、声帯振動。
　　(2)男：帽子が大きすぎるよ　(有声-軟口蓋-破裂音)
　　　　女：帽子が　　　　　　(有声-軟口蓋-鼻音)で、調音法。
　　　調音点は両方とも軟口蓋で、鼻音は有声音だから、両者の違いは、仮に男性の /g/ が摩擦音でも、調音法。/大きすぎる/ は、男女とも鼻音である。
　　(3)男：すぐにすねるんです(有声-歯茎-鼻音)
　　　　女：　　すめる　　　(有声-両唇-鼻音)　で、調音点。
　　(4)男：おお、なるほど(鼻母音)
　　　　女：おお　　　(口母音)　　　　で、鼻腔の関与。
　　(5)男：あたまいたい(有気)
　　　　女：あたま　　(無気)　　　　　で、気息の有無。
　　(6)男：しいんとなっちゃった(無声-歯茎硬口蓋-摩擦音)
　　　　女：じいんと　　　　　(有声-歯茎硬口蓋-破擦音)
　　　　　　　　　　　　　　　　で、声帯振動と調音法。

第3課　音韻論

応用問題

問題1 ある学習者に日本語の文章を読ませたところ、日本人には/　/内のように聞こえる誤りが生じていた。このデータの範囲内でいえる誤りの傾向として、分析が妥当ではないものはどれか。a～eから一つ選べ。

```
「言語」→ /ケンゴ/ 「雑誌」→ /チャッシ/ 「おはよう」→ /オアヨ/
「言葉」→ /コドバ/ 「どうぞ」→ /トジョ/ 「学校で」→ /カッコデ/
「自信」→ /チシン/ 「全部」→ /チェンブ/ 「本当に」→ /ホンドニ/
「ご飯」→ /コアン/ 「私も」→ /ワダシモ/ 「四本」→ /ヨンオン/
「豚が」→ /プダガ/ 「もっと」→ /ボット/ 「午前」→ /コジェン/
```

a. 長母音はすべて短母音化する。
b. マ行は、語頭でバ行に、語中でマ行になる。
c. ハ行は、語中でア行に、語頭でハ行になる。
d. ザ行・サ行は、語頭でチャ行に、母音の後でジャ行に、/ッ/の後でサ行になる。
e. ガ行・カ行は、母音および/ン/の後でガ行に、それ以外でカ行になる。

問題2 【CDTrack44を聞いてください（2度ずつ流れます）】

　　日本語の学習者が短い日本語文を読んでいる。それぞれの文の特に下線を引いた部分には、発音上の誤りが観察されるが、その誤りの特徴を、選択肢a～dの中から一つ選べ。例えば、
　　例：ア<u>メ</u>リカニリュウガクシタ。
で、この/メ/を/ベ/のように言っていたら、/ベ/の子音では、おおむね1番のaのように両唇が閉鎖し、口蓋帆が鼻腔への呼気の通路をふさいでいるので、答えはaとなる。

1番：デキナクテ、ザン<u>ネ</u>ンデス。

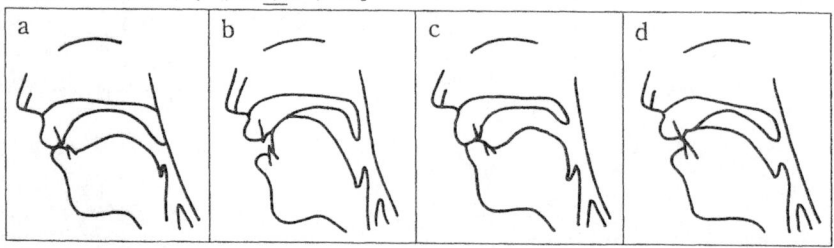

2番：学校ニズットイマシタ。

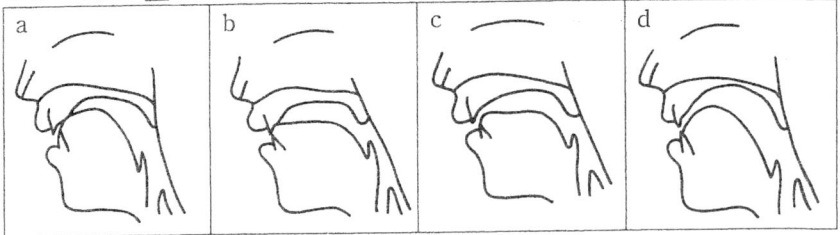

3番：行ッタンデスガ、ダレモイマセンデシタ。

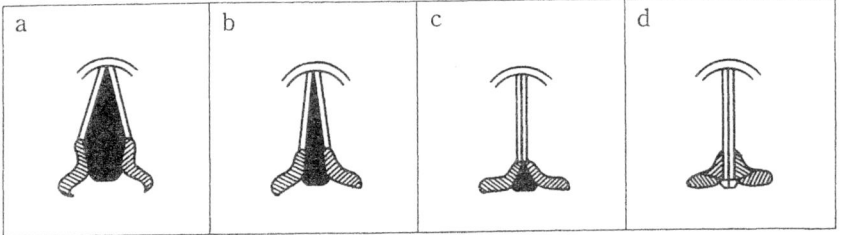

（声門の状態）

4番：今日ワツカレマシタ。

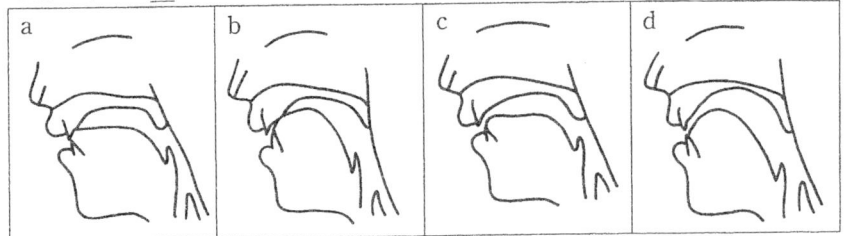

5番：ベンロンタイカイニイキマス。

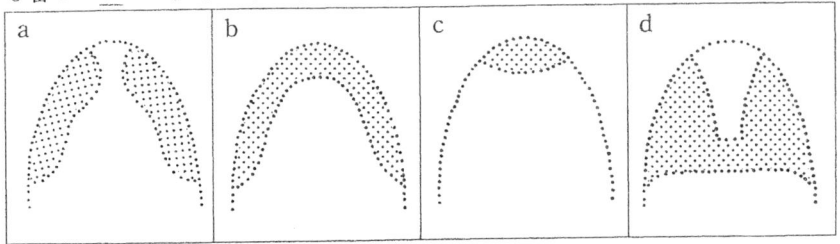

（図の黒い部分は舌が口蓋に接触していることを示す。）

6番：先生ニ、ショウカイシテモライマシタ。

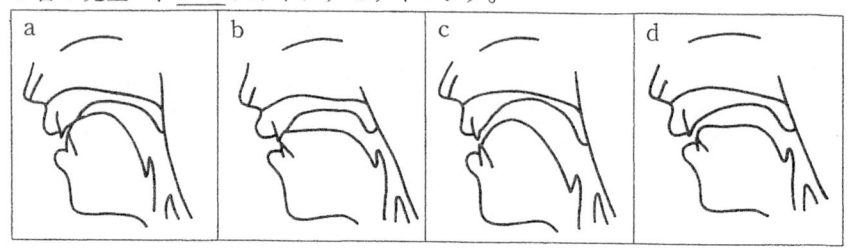

解答 問題1　d
　　　　問題2　1番b　2番a　3番d　4番b　5番c　6番d

解説 問題1　ザ行は、語頭でチャ行に、語中でジャ行になるが、サ行は、「自信」→ /チシン/、「私も」→ /ワダシモ/ の例があり、語中でもサ行だと分析できる。
　　　　　　ここに挙げたデータは、韓国語話者に生じやすい誤りをもとにした作例で、問題作成のためにかなり誇張してある。現実の学習者の発音は、ここまで規則的に割り切れるものではない。
　　　　　　韓国語では、声帯振動の有無は語の意味の区別に役立たず、無気音の破裂音・破擦音は、語中の有声音間で有声音になる傾向が強い。つまり、条件異音のようなものである。そのクセを日本語に持ち込むと、前掲データのように、語中の破裂音・破擦音が有声音化する誤りとなる。
　　　　　　そのときの指導方法であるが、まずは、有声音と無声音の違いを学習者に知覚させることである。無声音が語中で有声音になるのであるから、「ビール」が「ピール」になってしまう場合は、「おビール」と言わせればよい。これは冗談ではなく、そのように、学習者の母語の近似音を利用して、無理やりOKの状態を体感させ、それを足掛かりとして指導につなげるのが、大切なテクニックなのである。

　　　　問題2　1番：/ネ/が/ニェ/[ɲ] に聞こえるので、舌が硬口蓋のあたりに接触し、口蓋帆が開いて鼻腔へ呼気が流れるbが近い。
　　　　　　　2番：「ずっと」の /ズ/ が /ジュ/ に聞こえるので、前舌が硬口蓋前部に接触するaが近い。

3番：p.144の「解き方のヒント」で述べたように、この問題は、下線部が有声音なら、正解はb、下線部が無声音なら、正解はdと考える。で、実際、「で_す_」が /デズ/ に聞こえるので、有声音のd。

4番：「疲れました」の /ツ/ が /チュ/ に聞こえるので、前舌が硬口蓋前部に接触するbが近い。

5番：この図は、エレクトロパラトグラフィという、舌面の口蓋への接触を連続的に記録する分析機器のデータを模した図である。上あごに装着する入れ歯のようなものに電極が埋め込まれており、舌が接触すると黒くなる仕組みである。下方が硬口蓋後部で、aは歯茎摩擦音 [s][z]、bは歯茎の破裂音 [t][d] か鼻音 [n]、cは歯茎側面接近音 [l]、dは硬口蓋の破裂音 [c][ɟ] か鼻音 [ɲ] を表す。声帯振動および鼻腔の関与は、この図からはわからない。

　韓国語の /r/ は、母音間では弾き音 [ɾ]、CVCのような音節末では、そり舌の [l]([ɭ])のように、相補的に分布する。そして、/n//r/ の連続では、/n/ も同化により、[ɭ]になる。そのクセが日本語に持ち込まれると、/べ_ん_リ//し_ん_ろう/ などが /ベ_ル_リ//シ_ル_ロー/ のような発音になる。従って正解はc。

　なぜこのような出題形式なのかという理由を考えれば、正解はおのずと絞られる。口腔断面の中央しか示さない正中断面図では、[l] と [t][d][n] の違いがわからない。つまり、両者が関与する誤用を問題にするときは、このような舌の口蓋への接触を表す図が必要となるのである(無論、この選択肢を用いて、a /ス/ と b /ツ/ の違いを問うこともできるが…)。

6番：「紹介」の/ショ/ が /ソ/ に聞こえるので、舌先が歯茎に接近するdが近い。

・第4課・ ストラテジー

この課のねらい （関連：H4～9聴解5、H8筆記II-2、H6筆記II-10）

・ストラテジーについて理解する。

ストラテジーとは	ストラテジーは、以下の2種類に分けられる。 **学習ストラテジー**：外国語などを学習するときに学習者が用いる学習方法 **コミュニケーション・ストラテジー**：コミュニケーションにおいて、コミュニケーション上の障害が生じたときにその障害を解決する方法 　コミュニケーション・ストラテジーは、会話の切り出しや、話す順番をとること(ターンテイキング)などを含むこともあるが、ここでは、非母語話者と母語話者とのコミュニケーションにおいて、非母語話者のコミュニケーション能力の不足を補うために、非母語話者または母語話者が用いるものに限定して考える。なお、コミュニケーション・ストラテジーは「読む」「書く」「話す」「聞く」すべてに含まれるが、ここでは、「話す」「聞く」に言及する。
話す	・**話題を回避する**　例：経済の話をしたいが、経済用語を何と言うかわからないので、初めから、経済の話題を避けて、もっと日本語で話すのが簡単そうな話題にする。 ・**言葉を言い換える**　例：「さいふ」という単語がわからないので、代わりに「お金のかばん」と言った。 ・**時間を稼ぐ**（何も言わないと、話が終わったと思われたり、伝えたいことが伝えられなくなったりするので、「あのー」「えーと」などのフィラー＜言いよどみ＞を使って時間を稼ぎながら、適切な言葉を考え出す方法） 　例　A：これから、行きたい所、ありますか。 　　　B：別にありません。あのー、でも、あのー、本を買

いたいので、本屋へ行きたいんですが。あのー、でも、あのー、のどが渇いたので、カフェテリアへ行きましょう。

- 身ぶり手ぶりで補う　例：「うるさい」と言う代わりに、嫌そうな表情をしながら、耳を手でふさいだ。
- 自信のない表現を母語で言い直す　例："stamp"のつもりで「切手ください」と言ったが、"stamp"＝「はがき」、"postcard"＝「切手」ではなかったかと不安になり、その後、英語で「stampください」と補足した。
- 相手が理解していることを確認する　例：「きのう、水族館へ行って、あっ、水族館わかりますか？」
- 言葉で助けを求める　例：「きのう、大阪の…、aquarium は日本語で何て言いますか」
- 相手の母語を用いる　例：野球、baseball が好きです。
- 相手の言葉の明確化を求める　（聞き取れなかったときに、もう一度言ってくれるように頼む）

聞く

　例1　A：インドメタシンです。
　　　　B：え？
　例2　A：リコピンです。
　　　　B：リコピンですね？
　例3　A：2番目の交差点を右に曲がって、茶色のビルの2階です。
　　　　B：2番目の交差点を右に曲がって………。
　　　　A：茶色のビルの2階です。

- ゆっくり言うように頼む
- 相手の言葉の意味の明確化を求める
  例　A：そのアルバイトは時給いくらなの？
　　　　B：ジキュウって何ですか。
- 理解したふりをして話を続ける
- 日本語が下手だと前もって知らせておく
- 話題を変える　例：経済の話をしているが、経済用語がわからないので、もっと日本語が簡単な話題に変える。

応用問題

問題 【CDのTrack45〜49を聞いてください。なお、問題の間隔はすべて10秒に統一してあります。CDを聞く前に各問題の指示と選択肢をよく読んでから解答してください】

外国人と日本人がさまざまな会話をしている。それぞれの会話についての質問の答えとして最も適当なものはどれか、それぞれのa〜dの中から一つ選べ。

1番【CDのTrack45を聞いてください】

男の人が、この話の中で使っている「あの」と同じ機能の「あの」は、次のうちどれか。

a．A：昨日の会議、すごかったねえ。
　　B：うん、あの時さ、豊島先生、怒ってたね。
b．A：あの、すみません。アップルパイ定食お願いします。
　　B：ああ、アップルパイ定食はもうやってないんです。
c．A：あの人、だれ？　今、私たちのこと、じろじろ見てる人。
　　B：あれがグリーン先生よ。
d．A：広島の津崎さん、親戚の人とうまくいってないの？
　　B：ああ、あの人ね。いや、なんとかなったみたいだよ。

2番【CDのTrack46を聞いてください】

男の人が、この話の中で使っている「に」と同じ機能の「に」は、次のうちどれか。

a．このぬいぐるみは丸谷さんにもらったんです。
b．なんとか火曜日に終わるかもしれません。
c．春山さんは琵琶湖の北に住んでいます。
d．とうとう水野さんに指輪を渡しました。

3番【CDのTrack47を聞いてください】

この女の人の話し方の特徴として当てはまらないものは、次のうちどれか。

a．文節の終わりを少し伸ばして話す。

b．相手の話を先取りして、自分で先に続けてしまう。
c．説明のために言い換えをする。
d．文を完全に終わらせない。

4番【CDのTrack48を聞いてください】
この男の人が使った可能性があるストラテジーは、次のうちどれか。
a．言葉を言い換える。
b．時間を稼ぐ。
c．話題を回避する。
d．相手の言葉の意味をはっきりさせるため、相手の言葉を繰り返す。

5番【CDのTrack49を聞いてください】
この女の人が使っていないストラテジーは、次のうちどれか。
a．話題の転換を突然行う。
b．不明な言葉の意味の明確化を求める。
c．相手の言葉の意味を確認する。
d．自分の言った言葉を相手が理解していることを確認する。

解答 1番 c　2番 d　3番 b　4番 d　5番 a

解説　1番　女：すみません、この辺に本屋さんありますか。
　　　　　　　男：本屋さんですか。ちょっと遠いんですけど、あそこに信号ありますね。
　　　　　　　女：はいはい、今、赤の。遠いですねえ。
　　　　　　　男：はい。あの信号を右に曲がってずっとまっすぐ行くと、スーパーがあって、そのスーパーの中にありますよ。
　　　　　　　女：さっき、そこに行ったら休みだったんですよ。

　　　　　　　　会話文およびcの「あの」は眼前指示。a、dの「あの」は文脈指示。bの「あの」は言いよどみ。指示詞は大きく分けて眼前指示と文脈指示に分けられる。眼前指示の「ア」は、聞き手と話し手両者から遠いものを指す。文脈指示の「ア」は、話し手も聞き手も知っているものを指す。

2番　女：あ、こんにちは。
　　　男：先日は、うちの修にアップルパイをくださいまして、どうも。
　　　女：いいえ。修ちゃん、もう、7歳なんですね。
　　　男：ええ。
　　　女：そろそろ好き嫌いが出てきたんじゃないですか。

　　　　　aの「に」は「から」と同じで、「出所」を表す。bの「に」は「時」を表す。cの「に」は「机の上に本があります」の「に」と同じで、「存在場所」を表す。dの「に」は「到達点」を表す。会話中の「に」は「出所」ではなく、「到達点」なので、正解はdになる。

3番　男：何にする？
　　　女：うーん、タピオカ食べよっかと思ったんだけどオ、メニュー見てらア、載ってないみたいでエ。
　　　男：タピオカ？
　　　女：あのオ、c中華料理屋さんとかにあるウ、つぶつぶ入ったデザートでエ。
　　　男：ああ、あれね。あ、ここに載ってるけど。
　　　女：あ、ほんと。わかんなかった。じゃア、ともちゃんそれにしちゃおっと。頼んどいてね。

　　　　　a「文節の終わりを少し伸ばして話す」は波線部分。d「文を完全に終わらせない」は、上述のとおり。c「説明のために言い換えをする」、はタピオカの説明をしている下線部分がこれにあたる。bだけが当てはまらない。

4番　女：はい、坂本です。
　　　男：あれ、まだうちにいたんですか。早く来てくださいよ。
　　　女：うーん、せっかくしてこうと思ってたバレッタがないの。
　　　男：バレッタ？
　　　女：あの、プラスチックでできた、大きいヘアピンみたいなの。
　　　男：ああ、あれ、バレッタっていうんですか。

　　　　　a「言葉を言い換える」はあるが、これは女の人の使ったストラテジーで、男の人は使っていない。また、男の人は「えー」「あのー」などを使用していないので、b「時間を稼ぐ」は消去できる。また、c「話題を回避する」も使用していない。すると、残ったのは、dの「相手の言葉の意味をはっきりさせるため、相手の言葉を繰り返す」であるが、下線部の「バレッタ？」という聞き返しによ

って、女の人の言葉の意味の明確化を求めたと考えられるので、この中ではdが最も適当である。

5番　女：最近ちょっと調子が悪いんですよ。朝も起きられないし。
　　　男：最近、睡眠障害がはやってるんだって。
　　　女：b睡眠障害？　何ですか、それ。
　　　男：きちんと寝られなくなる病気なんだって。
　　　女：cじゃあ、ストレスとかの問題で寝られなくなることですね。
　　　男：うん、そうだね。現代病の一つだね。
　　　女：フーン、それって、環境ホルモンなんかも関係しているのかなあ。あ、d環境ホルモンってご存じですか。
　　　男：うん。まあ、関係あるんだろうね。

　　b「不明な言葉の意味の明確化を求める」、c「相手の言葉の意味を(自分が正しく理解しているか)確認する」、d「自分の言った言葉を相手が理解していることを確認する」は下線部分である。aだけが当てはまらない。

要点整理-3　音素と異音

　今回はここまでのところを、音素と異音の関係からまとめてみよう。ここで示す（図●）は、テキスト本文の図ではなく、p.186の国際音声記号表の図を表す。

・/a/　非円唇-広母音 [a]。舌位置は中舌よりも少し後ろ寄りだが、通常は問題にせず、[a] の記号で代表させる。

・/i/　前舌-非円唇-狭母音 [i]。唇が横に引かれる母音なので、非円唇母音の中でも特に**平唇母音**と呼ぶことがあるが、唇の横への引きは、国際音声記号の引きほど強くない。不平を言うときなど、偶発的に**前舌-円唇-狭母音** [y] に近くなる。

・/u/　後舌-非円唇-狭母音 [ɯ]。唇の横への引きは国際音声記号の [ɯ] ほど強くない。また、舌位置も**中舌寄り**（5母音全般に内側寄り）である。/ス//ツ//ズ/ の前では、調音点の歯茎に合わせて舌の盛り上がりがさらに前に移動するので、精密表記では [ɯts̟ɯ̟]/ウツ/ のように**中舌化**の補助記号を付けることもある。偶発的に、**後舌-円唇-狭母音** [u] となる。

・/e/　前舌-非円唇-中母音 [e]。/e//o/ は4段構えの国際音声記号母音図に合わせ、「半狭母音」とも「半広母音」とも呼ばれるが、実体は同じである。

・/o/　後舌-円唇-中母音 [o]。日本語の中で唯一の**円唇母音**だが、円めはそれほど強くない。緩むと**後舌-非円唇-中母音** [ɤ] になることもある。

・/k/　/カ//ク//ケ//コ/ は**無声-軟口蓋-破裂音** [k]（図11）。/キ//キャ//キュ//キョ/ も調音点は軟口蓋だが、口蓋化するため、精密表記では[ekʲi]/エキ/ のように補助記号を付ける。語頭の破裂音は、語中より気息が強くなるので、精密表記では [kʰake]/カケ/ のように**有気音**の補助記号を付けることもある。

・/s/ /サ//ス//セ//ソ/ は無声-歯茎-摩擦音 [s](図15)で、/シ//シャ//シュ//ショ/ は、無声-歯茎硬口蓋-摩擦音 [ɕ] (図16)。無声-歯-摩擦音 [θ](図14) になることもある。

・/t/ /タ//テ//ト/ は無声-歯茎-破裂音 [t](図9)。語頭の破裂音は、語中より気息が強くなるので、精密表記では [tʰate]/タテ/ のように有気音の補助記号を付けることもある。/チ//ツ//チャ//チュ//チョ/ には、次の /c/ を当てる。

・/c/ /ツ/ は無声-歯茎-破擦音 [ts](図9)、/チ//チャ//チュ//チョ/ は無声-歯茎硬口蓋-破擦音 [tɕ](図10)。語頭の破擦音は、語中より気息が強くなるので、精密表記では [tsʰɨɾi]/ツリ/ のように有気音の補助記号を付けることもある。ちなみに、音韻記号に [ts][dz] をそのまま用いず、/c//z/ で表すのは、音韻構造を、すべてCV(CjV)で統一し、音韻体系を均整的にするためである。

・/n/ /ナ//ヌ//ネ//ノ/ は歯茎-鼻音 [n](図3)。/ニ//ニャ//ニュ//ニョ/ は、硬口蓋-鼻音 [ɲ](図4)。

・/h/ 調音法はすべて摩擦音だが、調音点が多岐にわたる。/ハ//ヘ//ホ/ は声門音 [h](図19)、/ヒ//ヒャ//ヒュ//ヒョ/ は硬口蓋音 [ç](図17)、/フ/ は両唇音 [ɸ](図12)。/フ/ は偶発的に、無声-唇歯-摩擦音 [f](図13)となることもある。

・/m/ /マ//ム//メ//モ/ は、両唇-鼻音 [m](図1)。/ミ//ミャ//ミュ//ミョ/ も調音点は同じ両唇だが、口蓋化するため、精密表記では[mʲiɾɯkɯ]/ミルク/ のように補助記号を付ける。[f] と同じく、偶発的に唇歯-鼻音 [ɱ](図2)となる。

・/j/ 硬口蓋-接近音 [j](図20)。狭めが強くなると有声-硬口蓋-摩擦音 [ʝ](図17) になる。

・/r/ /ラ//ル//レ//ロ/ は、歯茎-弾き音 [ɾ](図23)。/リ//リャ//リュ/

/リョ/ も調音点は同じ歯茎だが、口蓋化するため、精密表記では［ɾonɾʲi］/ロンリ/ のように補助記号を付ける。個人により、**歯茎-側面接近音**［l］(図22)に近くなったり**歯茎-顫え音**［r］になったりする。

・/w/　**軟口蓋-接近音**［w］(図21)。唇も狭まるので、**両唇軟口蓋二重調音子音**ともいう。母音［ɯ］同様、唇は円まらないため、［ɰakai］のように**非円唇**の記号を当てることもある。なお、「を」は /o/ と同じ。

・/g/　/ガ//グ//ゲ//ゴ/ は**有声-軟口蓋-破裂音**［g］(図11)。/ギ//ギャ//ギュ//ギョ/ も調音点は軟口蓋だが、**口蓋化**するため、精密表記では［gʲitaː］/ギター/ のように補助記号を付ける。伝統的には、「ガラス」［garasɯ］のように語頭で**破裂音**、「長い」[naŋai］のように語中で**鼻音**［ŋ］(図5) となるが、最近では、語中のガ行を**軟口蓋-摩擦音**［ɣ］(図18)や破裂音［g］で発音することが多い。

・/z/　/ザ//ズ//ゼ//ゾ/ は**有声-歯茎-破擦音**［dz］(図9)、/ジ//ジャ//ジュ//ジョ/ は**有声-歯茎硬口蓋-破擦音**［dʑ］(図10)。主に語頭(在学、人権等)や、/ン/の後(心臓、暗示等)、/ッ/の後(グッズ、エッジ等)で破擦音となり、母音間(あざ、渦、鈴木等)で弱化すると、**有声-歯茎-摩擦音**［z］(図15)、**有声-歯茎硬口蓋-摩擦音**［ʑ］(図16)になる。

・/d/　/ダ//デ//ド/ は**有声-歯茎-破裂音**［d］(図9)。「はなぢ」「つづく」などのヂヅ類は、ジズ類と全く同じ音。つまりヂヂャヂュヂョは、/ジ//ジャ//ジュ//ジョ/ と同じ**有声-歯茎硬口蓋-破擦(摩擦)音**［dʑ］(図10)、［ʑ］(図16)、ヅは、/ズ/ と同じ**有声-歯茎-破擦(摩擦)音**［dz］(図9)、［z］(図15)。

・/b/　/バ//ブ//ベ//ボ/ は、**有声-両唇-破裂音**［b］(図8)。/ビ//ビャ//ビュ//ビョ/ も調音点は両唇だが、**口蓋化**するため、精密表記では［bʲiːɾɯ］/ビール/ のように補助記号を付ける。母音間で［b］の閉鎖が弱まると、「おぶる」［oβɯɾɯ］のように**有声-両唇-摩擦音**［β］(図12)になる。また、個人的あるいは偶発的に、**有声-唇歯-摩擦音**［v］(図13)となる。

・/p/　/パ//プ//ペ//ポ/ は、**無声-両唇-破裂音**［p］(図8)。/ピ//ピャ/

/ピュ//ピョ/ も調音点は両唇だが、**口蓋化**するため、精密表記では[kʰopʲiː]/コピー/ のように補助記号を付ける。語頭の破裂音は、語中より気息が強くなるので、精密表記では [pʰapa]/パパ/ のように**有気音**の補助記号を付けることもある。

・/R/(長音)　母音の引き延ばしなので、母音の後に [ː] を付ける。「えい」は、一音一音明確に発音すると、[ei] になることもある。

・/Q/(促音)　後続音と同じ口構えの状態を引き延ばすことで生じる音である。[p] の前で [p](図8)、[t][ts] の前で [t](図9)、[k] の前で [k](図11) …になり、[ippa](一派)、[atta](あった)、[jottsɯ](四つ)、[akka](悪化)のように表記されるが、実際には、**後続子音の閉鎖状態が持続した無音区間**である。摩擦音では、[hossa](発作)、[içço](一緒)となるが、これも実際には [s](図15)、[ç](図16) **の持続状態**である。急に声を止めて「あっ」と言うと、**声門破裂音** [aʔ](図26-d)となることもある。

・/N/(撥音)　後続音と同じ調音点の鼻音を引き延ばすことで生じる音である。後続音が破裂音や鼻音のときは、[p][b][m] の前で [m](図1)、[t][d][ts][dz][n][tɕ][dʑ] の前で [n](図3)、[ɲ] の前で [ɲ](図4)、[k][g][ŋ] の前で [ŋ](図5)になる。
　後続音がサ行やハ行などの摩擦音のときも、破裂音と同じ原理で、**同じ調音点の有声摩擦音の鼻音化**したものとなる。簡略表記では、概略、[h][s][ɸ] の前で [ɯ̃]、[ɕ][ç] の前で [ĩ] のような**鼻母音**、つまり呼気を鼻腔にも流出させた母音となると考えておけばよい。
　/ン/ での言い切り、つまり休止の直前では、**口蓋垂鼻音** [ɴ](図6)となることが多い。母音や半母音の前の /ン/ は、[anoheẽe]/アノヘンエ/ のように**鼻母音**となる。非常に丁寧な発音では、[ɴ](図6)となる。

第5章 知識を教室で生かそう

・第1課・音声教育の現状

何のために？

「何のために音声学を学ぶのか」こう問われたら、今の皆さんの答えは、とりあえず「検定試験に合格したいから」ですね。で、その後、教壇に立ったら、一生懸命に学んだ音声学の知識を、教育現場でぜひ生かしたい、いや、最大限に生かせるだろう、と思っていることでしょう。

しかし、現在の教育現場では、コースの中で計画的に音声教育が行われることは、あまりありません。平仮名導入時に発音を教えるのが終わると、あとは、会話や発表、朗読などを聞いて、誤りをその都度指摘するくらいで、音声教育を計画的に実施しているところは非常に少ないといわれています。

翻って、自分が受けてきた中・高の英語教育について考えてみると、ここでも、音声教育といえば、アルファベット導入時の発音の時間が終わると、あとは、"occupy"を「オカピー」と発音したら「オキュパイ」に直される程度です。英語の入試問題でも、音声関係の問題は、ストレス(p.39参照)の位置や、母音が他と異なるものを選ぶものぐらいで、暗記力や受験テクニックが問われているにすぎません。一般に日本の外国語教育では、音声はあまり重視されていないといえます。教師の教育理念は、自分が受けた教育に大きく影響されるといいますが、日本人が日本語を教える際も、同じように音声を軽視してしまう傾向が強いようです。

音声教育のニーズ

では、一般的に、外国人はどのような日本語を話したらよいと考えられているのでしょう。これについて日本人に意識調査を行うと、

「発音が多少変でも、通じればよい。音声教育を厳しくやる必要はない」
という回答が多く寄せられます。コミュニカティブ・アプローチでもそのようにいっています。確かに、すべての日本人が、さまざまな外国人の日本語の発音を抵抗なく受け入れられるならば、音声教育の必要性は少なくなります。しかし、本当に発音が悪くても、全く誤解なく、うまくやっていけるのでしょうか。これについては、第2課で詳しく考えましょう。

音声教育は、教師からの押し付けであってはなりません。しかし、ニーズ

がある場合、それにこたえる能力があるほうがよいことは、いうまでもありません。では、学習者は、音声教育をどのぐらい望んでいるのでしょう。これに関するニーズ調査は、これまでいくつか行われていますが、そこでは、初級でも中級でも、何語話者であっても、音声に対する学習者のニーズは、教師が考える以上に高い、という結果が出ています。

時間がなくて…

　では、なぜ、計画的教育が行われないのでしょうか。よくいわれるのは、
　「文法や漢字をやってると、時間がなくて、後回しになってしまう」
　「１クラスの学習者数が多すぎて、時間がかかる」
　「クラスだと、声を出すのを恥ずかしがって、口を開かない」
　「うちの学校はビンボーで、施設が整っていないので…」
という話です。特に「音声が重要なのはわかるが、時間がない」という話はよく聞きます。確かに、教授項目の優先順位には、いろいろな考え方や事情がありますから、とにかく音声を最重視せよ、とはいえません。

　では、ちょっと意地悪い仮定ですが、ある学習者から、
　「先生、アルバイト先で発音を笑われました。もっと発音がうまくなりたいです。個人指導で教えてください」
という希望が出たら、どうしますか。あるいは、主任の先生から、
　「先生には発音の時間を担当してもらいます。週20コマ中の３コマ、１時間ずつで半年間。必要な機材はなんでも買いますから、よろしく！」
と言われたら、どうしますか。何を、どんな順で、どう教えますか。

学習者が嫌がるから…

　この「どう教えるか」という問いに、明確に答えることができないことから考えると、結局、音声教育が計画的に行われない最大の理由は、
　「効果的な教え方がわからない」
　「何をどこまで教えたらよいかわからない」
　「適当な教材教具がない」
ということではないかと考えられます。

　音声教育用の教材が少ないのは、事実です。これまで、文法・会話や漢字の教授項目に関しては多くのことが議論され、さまざまなテキスト、CAI、ロールプレイ教材などが作られています。しかし音声は、LLやテープレコーダーなどのハード面は進歩したものの、ソフトである教材の種類は豊富とは

第１課　音声教育の現状

いえず、教育の内容と方法は、現場教師の力量に任されています。
　現場でよく利用される、「月」-「好き」、「角」-「カード」、「腿」-「桃」などの、単音、特殊拍、アクセントのミニマルペア（p.32参照）にしても、その効果的な使い方について議論されることは、あまりありません。そして、
「ミニマルペア練習は、単調で学習者が飽きるから、やらせたくない」
「ミニマルペア練習は、学習者が緊張するから、やらないほうがよい」
などといわれることもあります。
　しかし、学習者が嫌がるから漢字は教えない、文法も教えない、などという人はいないでしょう。学習者が飽きたり緊張したりするなら、ミニマルペアの効果的な活用法についていろいろと考え、学習意欲を高める、楽しいタスク教材を開発するなど、やるべきことはたくさんあります。

音声学＝音声教育？

　ミニマルペアを用いた発音練習でよく行われるのは、学習者に発音させ、誤りがあれば、正しい発音はこうだと指摘し、何度も発音させる、というものです。ただモデル発音を示し、リピートさせるだけなら、特別な音声学の知識がなくてもできます。しかし、このような付け焼き刃的な矯正では、その時は直っても、指導が終わったら元に戻っていることでしょう。
　もう少し音声学を勉強した教師なら、口腔断面図（p.53参照）などを用いて舌の位置などを示すこともあります。しかし、断面図の提示が最良の方法だという保証はありません。むしろ、検定試験の問題になるぐらいですから、訓練を受けていない学習者は、断面図を読み取ったり、図のとおりに舌を動かしたりできなくて当然だと考えたほうがよいでしょう。
　もちろん、音声学の知識を与えることが悪いとはいえません。文法理論の翻訳を与えることが有効に働くこともあるように、学習者によっては音声学の学習が有効となることもあるでしょう。しかし、音声学と音声教育は違います。それは、文法の理論研究と文法教育の実践が異なるのと同じです。教師が勉強した音声学の知識をそのままぶつけるのではなく、音声教育の立場で、その技術や知識をとらえ直す必要があります。
　以上のように、日本語教育の中で、音声"教育"は大きく後れをとっており、発音がうまくなりたいという学習者のニーズはあっても、そのニーズにこたえ得る指導法はあまり整備されていない、というのが現状のようです。

・第2課・学習者の発音の何が問題か

何をどこまで教えたらよいか

　アメリカにおける英語教育の研究で、学習者の属性のうち、発音の良否を決めるものが何であるかを調べたものがあります。発音の良否に関係するのは、「母語」「発音模倣能力」「在米期間」「発音への関心度」の四つで、「学習期間」や「音声教育を受けたか」などは、深い関係がありませんでした。

　このことから、教師の役割の一つは、学習者自身の発音に対する関心度を高めさせ、発音模倣能力を身につけさせることにあるといえます。

　教師が発音を軽視するようでは、学習者の発音はよくなりません。発音に限ったことではありませんが、教師が勝手に学習者の限界を決めてしまうことは絶対にあってはなりません。

　では、教師は何を音声教育の指標としたらよいのでしょう。まず考えなければいけないのは、発音の誤りとは何かということです。誤りに対して何でもやみくもに矯正するのは、よくありません。その理由の一つは、ロールプレイで文法を訂正しないときがあるのと同様、発音についても、教育すべきときと、そうでないときがあるからです。

誤りの重さ

　もう一つの理由は、誤りが、すべて同じ重さというわけではないからです。例えば、「松田」[matsɯda] を [masɯda] と発音してしまうと、「増田」という違う名前になり、これは明らかな誤りです。しかし、「笠井」を[kʰasai]のように有気音(p.32参照)で発音しても、[kasai]と発音しても、「かさい」以外にはなりません。また、「土山」の /ツ/ の母音は、東京方言では非円唇(p.103参照)の[ɯ]であり、/チ/ の前なので無声化(p.103参照)して、[tsɯ̥tɕijama]になりますが、これも、母音が無声化しない[tsɯtɕijama]であれ、円唇母音の[tsutɕijama]であれ、別人を指すことにはなりません。

　音声教育で、何をどこまで厳しく教えるかという問題が議論されるとき、通常は「通じればよい」という考えから、音韻的対立(p.31参照)にかかわる誤りを最優先で教育し、そうでない「微々たる」誤りについては後回しにすべきだということがよくいわれます。

しかし、音韻的対立に関与しない誤りは、本当にコミュニケーションに支障を来さない「微々たる」誤りなのでしょうか。ここで、「通じる」ということについて考えてみる必要があります。

子音母音で生じる誤解

例えば、平静に「笠井さん」と言うのと、怒って吐き捨てるように「笠井さん」と言うのを比べてみましょう。怒ったときのほうが呼気が大量に出ます。どちらで発音しても「かさいさん」ですが、学習者が有気音で /k/ を発音すると、本人は平静に話しているつもりでも、怒っているように聞こえます。

また、日本語では、唇を思いきり円めて /ウ/ と発音しても意味は変わりませんが、ことさらに唇を円くすぼめるのは不平を言うときに多いため、本人にそのつもりがなくても、押しが強く聞こえることもあります。

「私の鉛筆です」を、/ワタチノエンピチュデシュ/ のように発音すると、子供のような、舌足らずな言い方に感じられることもあります。これが「かわいい」という印象なら、必ずしもマイナスイメージではないようにも見えますが、学習者が意図していないことが伝わるのは、歓迎されるものではありませんし、ひどい場合、「知性が感じられない」などの悪い評価につながることもあります。

イントネーションで生じる誤解

イントネーションで誤解が生じることもあります。例えば、

A：その人、敦子さんですよ。
B：敦子さんですか。

このBのイントネーションは、平調の /敦子さんですか→/ か、短昇(p. 116参照)の /敦子さんですか↗/ となるのが普通ですが、下降調の /敦子さんですか↘/ になると、敦子さんじゃ嫌、と思っているように聞こえます。また、同じ上昇調でも、長く、高低差がついた /敦子さんですか＿↗/ では、嫌がっているか、疑っているように聞こえてしまいます。

これが、/あすこさんですか→/ のような、意味の違いにかかわる誤りであれば、「この人は正しく発音できないんだな」と思われるだけで、変に誤解されることはないでしょう。しかし、/敦子さんですか↘/ のような、一応「通じる」誤りだと、相手は少しカチンときても、「何、その言い方!?」と発音に言及することがないため、誤解が積もり積もって感情的なもつれに発展しやすく、かえってやっかいなのです。このような点を考えると、意味の違いに

かかわる誤りと、感情的評価にかかわる、指摘されにくい誤りと、どちらがより重いのか、簡単には断定できない面が残ります。

他に悪影響を及ぼす誤り

　さて、今、唇を円めて /ウ/ と言っても意味は変わらない、といいましたが、この円唇性の強さで /ウ/ と /オ/ が混同されることもあります。唇が円まらない /ウ/ に対して、/オ/ は比較的唇が円まるためです (p.106参照)。

　このような、異音 (p.32参照) レベルにかかわる誤りは、日本人には気づかれにくいものです。例えば、/ン/ は、後続子音に応じてさまざまな鼻音になります (p.138参照) が、実際には、学習者が、/サンスー/ /コンシュー/ を [saũsɯː][koĩɕɯː] ではなく、[sansɯː][konɕɯː] と発音しても、それほど違和感はありません。しかし、この [n] が後続子音に影響し、/サンツー/ /コンチュー/ [santsɯː][kontɕɯː] になってしまうなら、重い誤りです。

　ハ行の /ヒ/ の調音点 (p.67参照) が [ç] の硬口蓋ではなく、[h] の声門になる現象も、多くの学習者に見られます。これも微々たる誤りのようですが、それにより [i] 母音の無声化が生じにくくなるという弊害があります。

　そもそも、その母音の無声化の有無も、音韻的対立に関係しないし、地域によっては、無声化の少ないところもあるので、教育する必要はない、などといわれることがあります。しかし、無声化が生じないために、拍が長くなってリズムが乱れたり (p.24参照)、アクセントがおかしくなったりするようなら、重い誤りです。このように、他の部分の発音に悪影響を及ぼすものについても、教育したほうがよいと考えられます。

評価が下がる「なまり」

　日本語の、ある方言話者が、他の方言話者の話を聞いて、疲れてしまうことがあります。それはいわゆる「なまり」があるからで、一見コミュニケーションに支障がないようでも、言葉を理解するのに余計な時間がかかり、負担になるためです。学習者の発話にも「外国語なまり」がありますが、日本人が聞いていて気になる、評価が下がるものを、優先的に教育すべきでしょう。どんな「なまり」があるかは、第3課で見ていきましょう。

・第3課・学習者の誤りの傾向

母語の干渉とは

　外国人が話す日本語を聞くと、外国人であることがわかるのはもちろん、なじみ深い言語であれば、母語が何かを当てることもできます。それは、外国語なまりの日本語に、母語の特徴が出ているためです。

　既に学習・習得したことが、新たに学習することに影響することを、転移といいます。そのうち、よい影響を与え、学習を容易に促進するように働いた場合を正の転移といい、悪い影響を与え、学習を阻害するように働いた場合を負の転移といいます。負の転移は干渉ともいい、母語の影響で目標言語の誤りが起こることを、母語の干渉といいます(p.31参照)。

　例えば、日本人が一般に英語の /r//l/ の区別が苦手で、ラ行音一つでどちらも代用するのは、音素(p.31参照)が /r/ 一つしかない日本語による干渉です。誤りには、母語により異なる傾向が見られます。以下、学習者に比較的よく見られる誤りについて、子音・母音の主なものに絞って示します。

中国語話者に多い誤り

破裂音の有声無声の混同　　　　(例：「調べて」[ɕilapete]、「本当」[hondo])
/h//k/ が [x] になる　　　　　(例：「はい」[xaɪ]、「なかなか」[naxanaxa])
/r/ が [l] になる　　　　　　　　　　　　　　　(例：「それ」[sole])
/d/ が [l] になる　　　　　　　　　　　　　　　(例：「あいだ」[aɪla])
/n/ が [l] になる　　　　　　　　　　　　　　　(例：「この」[kolo])
/m/ が [b] になる　　　　　　　　　　　　　　　(例：「雨」[abe])
/n/ が [ŋ] になる　　　　　　　　　　　　　　　(例：「去年」[kʲoŋen])
/シ//チ/ が [si][tsi]になる　(例：「資格」[sikaku]、「地球」[tsikʲu])
母音連続が二重母音や単母音になる　(例：「開催」[kaɪsaɪ][kaːsaː])

韓国語話者に多い誤り

破裂音の有声無声の混同　　　　(例：「電線」[tensen]、「私」[wadaɕi])
語頭の /m//n/ が [b][d] になる　　　　(例：「娘」[busɯme])
/z/ が口蓋化して [dʑ] になる　　　　　(例：「鈴木」[sɯdʑɯki])
語中の /h/ が有声化あるいは脱落する　(例：「おはよう」[oajo])

/r/ の前の /N/ が [l] になる　　　　　　　　（例：「新郎」[ɕiɭɭoː]）

英語話者に多い誤り

語頭の破裂音が有気音になる　　　　　　　　（例：「肩」[kʰata]）
/r/ が [ɹ][ɫ] や [l] になる　　　　　　　　（例：「これ」[koɹe][kole]）
語中の /d/ が弾き音 [ɾ] になる　　　　　　　（例：「こども」[koromo]）
/ニ/ が口蓋化せず [ni] になる　　　　　　　　（例：「何」[nani]）
/ヒ/ が口蓋化せず [hi] になる　　　　　　　　（例：「ひとり」[hitoɹi]）
/フ/ が [fu] になる　　　　　　　　　　　　　（例：「ふたり」[futaɹi]）
アクセントのない母音があいまいになる　　　（例：「横浜」[jəkəhæːmə]）
アクセントのある母音が長くなる　　　　　　（例：「どこ」[dóuko]）
母音連続が二重母音になる　　　　　　　　　（例：「買います」[kaɪmas]）

タイ語話者に多い誤り

母音の後に声門閉鎖 [ʔ] が入る　　　　　　　（例：「気を」[kiʔoʔ]）
/シ//ジ/ が [tɕ] になる　　（例：「知って」[tɕitte]、「時間」[tɕikan]）
/z/ が [s] になる　　　　　　　　　　　　　（例：「家族」[kasoku]）
/k/ と /g/ の混同　　（例：「健康」[geŋkoː]、「グズ」[kuzu]）

よくある誤り

　これを見ると、学習者が苦手な発音には、かなり母語による違いがあるようですが、以下のような、多くの学習者に共通する誤りもあります。
/u/ が非円唇の [ɯ] ではなく円唇の [u] になる　　（例：「牛」[uʃi]）
/ワ/ が円唇性の強い [wa] になる　　　　　　（例：「私」[wataʃi]）
/ツ/ が [tʃu] や [su] になる　　（例：「机」[tʃukue]、「一つ」[hitosu]）
長母音と短母音の混同　　　　（例：「東京」[tokʲo]、「朝」[aːsa]）
促音の有無の混同　　　　　　（例：「学校」[gako]、「見た」[mitta]）
撥音が [n] になり母音にわたる　（例：「写真を」[ʃaʃinːo][ʃaʃino]）
母音が無声化しない　　　　　　　　　　　　（例：「機械」[kikai]）

「決め付け」はダメ

　ただし、母語の干渉に関する知識をどう生かすかには、注意が必要です。
　まず、方言差の問題があります。例えば、一口に中国語話者といっても、どんな方言かによって、学習者の誤りの傾向はかなり違います。
　そして、個人差の問題があります。/r/ と /l/ の区別が苦手な日本人にも、

区別できる人とできない人がいるように、同じ母語話者の発音の問題点は、完全に一致するものではありません。それを、「この人は〇〇語話者だから、こう発音しているはずだ」と決め付け、何か誤るたびに、「母語の干渉が見られた。やっぱり〇〇語話者だ」と喜ぶだけでは、何の問題も解決しません。

　では、逆はどうでしょうか。例えばタイ語話者なら /p/ と /b/ の区別は問題ないから、音声指導項目に含めなくてよいと考えること。これもやはり注意が必要です。前述の一覧表は大まかな傾向について述べたものであり、「リストにある項目はみんなできない」「リストにない項目は問題なくできる」わけではありません。リストをうのみにするだけでは、目の前の学習者の発音に誤りがあっても見すごしてしまうこともあるのです。

だから何なのか

　言語習得という観点からいえば、苦手な発音は練習次第で克服できるというとらえ方をすることが大切です。習得過程で生じる誤りには、さまざまな原因が考えられます。原因を「母語の干渉以外には考えられない」と断定することはできないし、また、そのように断定して「母語の干渉は根強く残るから仕方ない」とあきらめるのでは、全く意味がありません。

　実際、対照言語学研究が進まなければ、効果的な指導ができないわけではありません。例えば、教師が知らない言語を母語とする学習者が目の前にいれば、その発音をよく観察し、リピートや聞き取りテストなどで確認し、問題がある個所を指導するという方法をとります。そして、「では、どうすれば発音がよくなるか」と考えると、結局、発音・聞き取り練習をし、教育的に有効な説明を加え、誤りが何度も生じるようなら練習を何度も繰り返すことになります。つまり、誤りの原因を母語の干渉と断定するかどうかで、指導方法が180度変わるわけではないのです。

　母語の干渉に関する知識は、「こんな音を間違えるはずはない」という常識的判断から脱皮し、どのような学習者が、どの音を、どのような音環境のときに、どのように誤りやすいかを予測するのに利用すべきものであり、それに縛られてはなりません。大切なのは、現象をしっかりおさえ、知識を適切な対策を練るための助けとすることです。

・第4課・　拍の指導

問題をどう解決するか

　学習者の発音を正確にとらえたら、音声学の知識をフルに活用して、目標音との違いを分析します。そして違いがわかったら、指導するか、大きい問題ではないのでそのままにしておくか、指導を行うなら、いつ、どのように行うかなどを考えます。簡単にリピートで済む問題なら教室内で行えますが、すぐに直らない場合は個人指導に回すほうがよいでしょう。授業内で個人に何度もしつこくリピートさせると、時間がかかって、教室作業の流れを阻害するだけでなく、当該学習者に過度の緊張や屈辱感を与えるからです。跳び箱が跳べない人をさらし者にしても、すぐにできるものではないし、緊張するとかえってできなくなるのと同じことです。

長音の指導

　拍感覚、特に特殊拍のリズムは、多くの学習者が苦手とするものです。なぜかというと、多くの学習者は /ー//ッ//ン/ などを自立拍1拍分ではなく、「音節」の一部と見なしているからです。拍のキーワードである「等時性」は日本語話者の心理に存在する音韻論的な概念です (p.24 参照)。機械で長さを測定すると、特殊拍は一般に自立拍1拍分より少し短くなることがあります。

　通常の指導では、「おばさん」-「おばあさん」、「地図」-「チーズ」などの、母音の長短のミニマルペアを用い、拍単位で区切って、手や黒板をたたきながら発音し、/オ//バ//ー//サ//ン/ は五つ、と説明したり、学習者にも手をたたかせ、指折り数えさせたりして発音させる方法がとられます。

　しかしこの方法は、自然な発音のリズムと異なるし、拍感覚の教育だけでは効果が上がらないことから、近年では、/オ//バー//サン/ のように、音節の長短で手のたたき方を変えたり、/オバ//サン/ のように2拍ごとにまとめ、より大きい単位で教える方法も試みられています。

　実は、/オバサン//オバーサン/ は、アクセントも違います。ですから、母音の長短の指導だけでは不十分で、同時にアクセントにも学習者の目を向けさせることが大切です。長音が多少短くても、/オバサン/ というアクセントで発音すれば、かなり「おばあさん」に近くなるという報告もあります。

拗音の指導

　拗音の /ビョ/ や /キャ/ が2拍分になる学習者の発音では、「病院」が「美容院」に聞こえてしまうことがあります。この場合、「『病院』は /ビョ//ー//イ//ン/ で四つ、『美容院』は /ビ//ョ//ー//イ//ン/ で五つで、拍数が違う」と説明する方法が多く取られますが、「病院」を /ビ//ョ//イ//ン/ で4拍にしようとする学習者もいて、なかなかうまくいきません。このようなときは、短い語単位で練習するだけでなく、「中央病院です」のように、長い文でリズムにのせて練習するのも一つの方法です。

　　2拍　　　/チュー‖オー‖ビョー‖イン‖デス/
　　4拍　　　/チューオー‖ビョーイン‖デス/
　　大きく　　/チューオービョーインデス/

のように、徐々に実際の会話のリズムに近い単位に持っていくのです。

　アクセントにも着目しましょう。「病院」が /ビヨーイン/ になる学習者の発音では、たいてい、アクセントが /ビヨーイン/ や /ビヨーイン/ になっています。これを平板型(p.45参照)にするだけで、かなり近くなります。

　/ビョーイン/ と /ビヨーイン/ は、よく観察すると、出だしの唇の形から異なっていて、「美容院」の [b] のほうは /イ/ の口構えですが、「病院」の [b] のほうは、次にくる /オ/ の母音の準備で、それよりも少し唇をすぼめた形になっています。ですから、まず口を横に引かずに /ヨ/ の練習をして、その状態で一気に /ビョ/ と言わせると、よくなることがあります。

促音の指導

　促音の練習では、無音区間も1拍分と数えるという説明をして、/イッポン/ の /ッ/ でも手や黒板をたたいたり、そこで「ストップ」のように手のひらを学習者に向け、息が止まることを理解させる指導が行われています。

　促音を閉音節(p.139参照)の後部子音ととらえる学習者に対しては、発想を転換し、長音と同様、音節を利用して説明する方法をとることもあります。

　　　　　　　　　　　2)持続
　　　　1)閉鎖　＞　　　　　　　＜　3)破裂

[p][t][k] などの子音は、閉鎖－持続－破裂、という過程を経て作られます。音節の利用とは、促音を、母音の後の閉鎖で調音が打ち切られた、破裂のない子音としてとらえる方法のことです。/イッポン/ でいえば、[ip]と[poN]という2音節の [ip]が促音音節です。その [ip]の後に、[poN]という

[p]始まりの別の「単語」があると考えるわけです。このとき、[ip]の母音[i]が長くならないように注意させます。他の音節も、[-t]なら[t-]、[-k]なら[k-]という具合に、同様に考えます。英語のwhat_timeのような、学習者の母語の近時音を利用するのも手掛かりになります。

撥音の指導

　撥音が短くなる誤りが特に顕著に現れるのは、「3枚」[sammai]、「千年」[senneɴ]のような、鼻音の前の撥音です。破裂音の前の撥音は、問題が特に感じられないなら教育しなくてもよいでしょう。これも、[m]や[n]だけで1拍分を保つのが難しい場合、[sam][sen]などの音節単位で導入し、母音ではなく[m][n]を極端に引き伸ばして発音させる練習をしましょう。

　さらに問題となるのが、母音や半母音の前の撥音です。多くの学習者は「あのへんへ」「日本を」「本屋」を、/アノヘネ//ニホノ//ホニャ/のように発音しがちです。ここで、/アノヘン‖エ/[anohen‖e]、/ニホン‖オ/[ɲihon‖o]のようにポーズを入れる指導を行っても、普通のスピードでは/アノヘネ//ニホノ/に戻ってしまいます。確かに拍感覚も関係あるのですが、根本的な問題は、[anoheẽ][ɲihoõ]のように鼻母音となるところを[n]で代用する点です。そのため[n]が母音にわたり、[anohene][ɲihono]となるのです。

　まず、/ン/が後続音によって変化すること、母音の前は[n]ではなく、鼻母音になることを理解させます。/ニホン/に/オ/をつけて練習すると、また/ニホノ/になってしまうので、これを避けるために、[ɲihoõ]の鼻母音を普通の母音にした/ニホオオ/[ɲihooo]から入ります。/ニホオオ/を何度かリピートし、そのあと、撥音にあたる/オ/を鼻音化させます。鼻母音については、「口の中のどこにも舌をつけず/ン/と言う」と説明するとよいでしょう。そのあと、さまざまな語(p.145参照)で練習をします。

　中国語話者には、/サンサイ//ゼンハン/などのサ行・ハ行の前の撥音を[n]で代用したり、鼻音化せず/マンネーヒツ/(万年筆)、/ニホー/(日本)のように発音する学習者もいます。/アシ/(安心)のように、/ン/が完全に脱落し、短くなることもあります。このようなときも、上述のような方法で指導を行います。どうしても駄目な場合、母語の[ŋ]で代用してごまかすように指導するのも、一つの方法です。

·第5課· 子音・母音の指導

リラックスさせる

　教師も学習者も緊張した状態で発音練習をしていると、発音が不自然になることがしばしばあります。まず体をほぐすことから始めたほうが効果が高まるでしょう。深呼吸をする、首を回す、両手を上にあげ、背伸びして脱力する、などの体操を繰り返し、それから練習に入るのです。学習者を笑わせて、精神的にリラックスさせることも大切です。

　緊張をほぐすことは、特に有声音の練習のときには大切なことです。音声器官は、無声子音では緊張し、有声子音では弛緩(しかん)しているからです。これを強く主張している音声教育法としては、ペタル・グベリナ提唱のVT法（ヴェルボトナルメソッド）が有名です。

無声音・有声音の指導

　カ行ーガ行、サ行ーザ行、タ行ーダ行、パ行ーバ行などの、無声・有声を正しく発音するには、聞き取りレベルで有声音と無声音の違いがわかるかどうかが大切です。それには、自分が発音した音が有声音か無声音かを判定できる能力の養成が必要です。まずは自分で有声破裂音を発音している瞬間を意識させ、有声音と無声音を区別する基準をしっかりさせることです。

　韓国語話者の場合、「濃音」という、息をつめる音を用いて、「見た」を[mit'a]（[']は息をつめる音を表します）と発音する学習者もいますが、これは日本人には促音が入った[mitta]のように聞こえます。韓国語で日本語の清音に最も近いのは、「平音」です。しかし、平音は異音(p.32参照)レベルで、語頭で無声音、語頭以外で有声音となるため、[mida]になり、教師に誤りを指摘されることになります。そのため、学習者は何とか違う方法で発音しようと思い、韓国語で音韻的対立のある濃音で発音してみます。教師も[mida]よりは問題が少ないため、それでOKを出してしまうことがあります。しかし、正しい基準を身につけさせるためには、濃音より平音のほうが適当です。最初に日本人とは異なる部分を手掛かりにして音を区別する癖がついてしまうと、誤りがなかなか直らなくなります。無声有声の違いは、平音を利用して意識させましょう。「ビール」が/ピール/になる場合、語中に

なるように「おビール」と言わせると有声音になります。このとき、のど元に指を当てたり両手で耳をふさいだりして、声帯振動を確認させます。中国語話者への指導に応用してみてもよいでしょう。

　日本語では、子音の後に有声音の母音が常にあるので、声帯振動の有無を把握するには、瞬間音の破裂音より持続音のサ・ザ行が向いています。この場合ザ行音は破擦音でなく摩擦音で練習します。まず無声音の「シー」の状態で、指当てや耳ふさぎで声帯振動がないことを確認します。次に「イー」と言いながら、振動があることを確認します。それから、/シ/ の口構えでイーと言う感じで、/シ/ に徐々に声帯振動を加え「イージー」と言わせます。「シージーシージー…」と自由に言えたら成功です。

/ツ/の指導　①母音

　[tsɯ]/ツ/ も多くの学習者にとって難しい子音ですが、調音法が [t] の破裂から [s] の摩擦へ移行する破擦音(p.75参照)である点を利用して指導につなげます。まず、/ス/ を発音させ、この前に [t] をつけるのです。このとき、母音は円唇の [su] ではなく、非円唇の[sɯ]で発音するように注意しましょう。円唇の [su] では、どうしても /チュ/ になりやすいからです。

　近畿方言など、教師の方言によっては円唇の [u] になる地域もあります(p.103 参照)が、非円唇の地域でも、「平たい唇はだらしない。正しい発音は唇が円まるものだ」と誤解している人がいるようです。実際は唇の緊張の弱い音なので、モデル音声を示す際、唇が円まりすぎたり、あるいは韓国語の[으[ɯ]」のように極端に横に引かれたりしないように注意しましょう。

　円唇母音 [u] と非円唇母音 [ɯ] の違いを理解するには、鏡を用いて、唇の形を見せるのが効果的です。鏡がないときは、「シーッ」と言う要領で人差し指を唇に当て、/ウ/ 調音時には唇が押されないことを体感させます。円唇母音 [u] では、唇が前に突き出し、指が押されます。この指を浮かせないように気をつけて発音させるのです。

/ツ/の指導　②調音法・調音点

　[sɯ]/ス/ を十分に発音させた後、何度か [tɯ]/トゥ/ を発音させ、舌位置を変えないように「トゥ、ス、トゥ、ス、トゥ、ス」と何度かゆっくり発音させながら、/ツ/ に持っていきます。この際、ささやき声を使ったほうが、子音に集中できてよいようです。

　/トゥ/ の調音点が歯茎の後ろすぎると、/チュ/ のようになってしまうの

で、舌のできるだけ先を、歯と歯茎の境あたりにつけるように注意させます。

歯茎音と歯茎硬口蓋音の調音点の違いは、大きなアメを口に入れて、/トゥ//ツ//チュ/ と言ってみるとわかります。舌の先が歯茎につく /トゥ//ツ/ は、アメが入った状態でも調音できますが、口蓋化(p.85参照)している /チュ/ では、前舌面と硬口蓋前部の間にアメが挟まります。これにより、/ツ/を調音するときは、/チュ/ のように舌が盛り上がらないことを体感させます。サ行やハ行の学習でやったように、/ス//シ/ の口構えで息を吸って、最も冷える個所が調音点だと理解させる(p.75参照)のも、学習者によっては効果があります。

ささやき声からゆっくり声を出していき、[tsɯ] のイメージを十分に覚え込ませた後、今度は単独ではなく、語を用いて練習します。VT法では、/ツ/ は /チュ/ より緊張する音なので、緊張する音環境で練習したほうがよいと述べています。緊張する音環境とは、/ツイタチ/ /ツゴー/ などの語頭や、/アツイ/ /ネツガアル/ などのアクセント核となる拍のことです。

しかし逆に、緊張すると /チュ/ になりやすいという報告もあります。また、子音だけの [ts] は言えても、母音をつけるとき、つまずく学習者もいるでしょう。とにかく、理論や学習者の母語にとらわれず、いろいろな方法を試してみて、その学習者に合った効果的な方法を探すのがよいと思います。

ウエーファ・メソッド

子音調音時に、舌のどの部分が上あごのどの辺りにつくか、これをより直接的に指摘する方法に、「ウエーファ・メソッド」があります。このウエーファとは焼き菓子のことですが、喫茶店のアイスクリームに添えてある分厚いウエハースではなく、ソースせんべいのような薄いものを指します。この薄いせんべいを1センチ四方に切り取り、それを学習者の上あごにはりつけて舌でせんべいを取らせ、舌の当たる個所を理解させるのです。

ウエーファ・メソッドはこのような方法なので、教師が、調音点・調音者(p.85参照)に関する正確な知識や、正しくせんべいをはりつける技術をもっていることが不可欠な条件です。また、衛生面や心理面への配慮も怠ってはなりません。大勢の前で発音の誤りを訂正させられることも精神的苦痛を伴いますが、口の中に異物を入れられることも、心理的抵抗感を伴います。冒頭で述べたように、まずは学習者をリラックスさせ、明るく笑える雰囲気を作り、教師と学習者との間に信頼関係を形成することが大切です。

・第6課・アクセント・イントネーションの指導

日本語らしさ

　音声を、単音(子音、母音)とプロソディ(アクセント、イントネーション、プロミネンスなど)に分けると、いつまでも母語の干渉が残るのはプロソディのほうだといわれます。また、「日本語らしい自然な発音だ」という評価に大きくかかわるのも、単音よりプロソディのほうだといわれます。

　いうなれば、/ツ/ が /チュ/ になる誤りなどは小さな問題で、「発音がうまい」と言われるには、高さや長さのほうをなんとかしなければならないのです。それほどプロソディは大切な要素なのですが、近年まで研究が盛んでなかったこともあって、現場ではあまり取り上げられません。

誤りが直らない原因

　「大阪」を/オスァカ/のように発音していたら、いかにも英語話者の日本語だと感じられますが、英語話者の日本語のアクセントには、

- 強弱アクセントを持ち込んでしまう
- 複合語を二語のようにふたやまの強めで発音してしまう
- 語末から2拍目をアクセント核にしてしまう

などの傾向があることが指摘されています。なぜこのような発音になってしまうのでしょう。「母語の干渉」というのは原因の一つですが、音声教育学的にいえば、アクセント教育を受けていない、というのが最大の理由です。

　日本人英語のアクセントは高低に頼りすぎているという指摘がありますが、英語を習ったとき、英語は強弱アクセントだということは教わっても、具体的にどうすれば英語らしいアクセントになるかについて習った人はほとんどいないでしょう。英語のアクセントがどういうものかわからなければ、日本語のやり方を持ち込みがちになるのは当然です。

　つまり、母語の干渉の問題を解決するには、学習者の問題点を観察し、

　　×強弱アクセント　→　高さだけが大切、拍と高低
　　×複合語のふたやまの強め　→　アクセント句に一つのアクセント核
　　×語末から2拍目の核　→　式と型、アクセントの規則(p.45参照)

など、アクセントについて知識を与え、練習することです。

どの語がどのアクセント型であるかは恣意(しい)的なものなので(p.38参照)、一つひとつアクセント型を覚えていくのは大変です。正しいアクセント型を身につけるには、最初の段階からアクセントに学習者の意識を向けさせ、その記憶負担の軽減につながる知識を与えていく必要があります。

発話につながるアクセント指導

アクセントの表示、教育は語単位で行われる傾向が強いのですが、それだけでは自然な発音にはなりません。複数の文節からなる句や文は、準アクセント(p.108参照)といって、ひとまとまりとなり、語を単独で発話したときの高低パターンとは異なるパターンになります。

外国語学習の最初の時期は、どうしても細かい単位で切って、はっきりと発音しようとする傾向が見られるのですが、準アクセントの教育は重要です。意味的なまとまりは音調的にもひとまとまり(ここでは「ヤマ」と呼びます)になることを説明し、ヤマ一つで発音される「東京へ行きます」「京都へ行きます」などの文を用い、ヤマの後部を強く発音しない練習をさせ、準アクセントを意識化させます。

その際、右のように、手でヤマの形を示したり、人さし指で大きく円を描いたりして、それに合わせて一息で言う練習をするとよいでしょう。ピアノのレッスンと同じで、最初は多少ゆっくりめに

言わせ、その円を徐々に小さくして自然な速さに近づける練習をしましょう。

teacher talk

教室などで教師が学習者に対して使用する話し方で、普通の話し方よりも簡略化されたものをteacher talkといいます。簡単な語彙や文法構造を使用すること、小学校の先生が児童に話し掛けるように、ゆっくりはっきり話すこと、などが特徴です。しかしこの、「ゆっくりはっきり」した口調で、

　　　カクさんは↑　きのう↑　どこへ↑　行きましたかぁぁ↗。

のように、句末が卓立上昇調(p.116参照)になったり、文末上昇調が必要以上に顕著になる点は、学習者がモデル音声として模倣するおそれがあると指摘されています。前述の発話のヤマも、はっきり発音しようとするあまり、余

計なヤマができてしまうことがあります。モデル発音で自分がどんな発音をしているのかをしっかり自覚し、自然な発話とどこがどのように異なるかがわかるようにしておきましょう。

文末イントネーション

　文末イントネーションについては、まず、正しい種類のものを使うことが重要です。第2課で述べたように、「敦子さんですか」という文に、平坦調、上昇調の短昇・長昇、下降調のいずれを用いるかによって、聞き手の受ける印象はかなり異なってきます。このとき必要なのは、イントネーションの型を、総括的で抽象的な機能と結び付けて教えることではなく、なるべく典型的・具体的な例文を出し、それに終助詞などを絡め、どう発音すればどう聞こえるようになるかを理解させることです。

　イントネーションがアクセントの型を崩さないように教育することも重要です。多くの学習者は、アクセント型が異なる /イ\ヌ↗//ネ\コ↗/ を、同じように /イ\ヌ↗//ネコ↗/ のように発音しがちです(p.117参照)。この /ネコ↗/ や /コンサート↗/ のような、上昇イントネーションをかぶせることで起伏式が平板化する発音は、日本語らしさが低くなります。日本語では /コンサート↗/ のように、最後の1拍だけが拍内上昇することを教えます。指導の際は、ヤマと同様、手で高さを表して見せるとよいでしょう。型ごとに整理して練習すれば、原理の理解は決して難しくありません。

目からも情報を与える

　耳で聞き、リピートするだけでは効果がない場合、視覚的な情報を与えることも一助になります。また、教科書に何も表示しないよりも、高さや長さに関する補助記号を付けておいたほうが、学習者の自律的学習の手助けになります。しかし、現行の教科書で、何らかの方法でアクセント等を表示しているものはあまり多くありません。

　アクセントのさまざまな表示法についてはp.40をご覧いただきたいのですが、高低二段で高さを表示する方法は、文レベルでは無理が出てきます。一方、/サシ\ミガ/ のように、アクセント核のみを表示したものは、特別な訓練を受けていない学習者には、抽象的でわかりにくいという報告があります。

　アクセント、イントネーションなどの高さや長さといった、プロソディの指導を補助する教材として、プロソディグラフというものがあります。これは、文単位の発話の高さと長さを、図のようにして示した教材です。プロソ

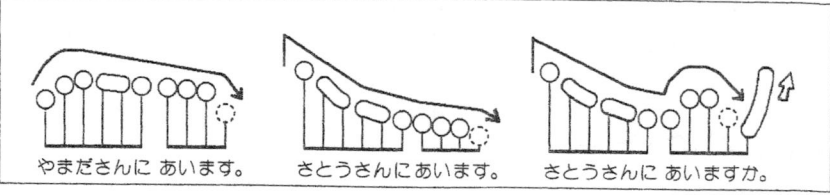

ディも、子音の指導における断面図と同様、難しい方法は避け、わかりやすく示す方法が求められます。いろいろと考えてみてください。

矯正ではない音声教育

　ここまでで述べてきた方法は、その場その場での矯正のテクニックですが、実際には、こう言わせたらスッと直るなどという、夢のような方法はありません。正しい発音を定着させるためには、忍耐力と努力が要求されます。

　初級文法教育の場合、とりあえずしゃべらせて、間違えたらそれを矯正するという方法はまずとりません。そのような方法は効率が非常に悪いからです。音声教育の場合も、付け焼き刃的な矯正ではなく、カリキュラムを作り、長期にわたって計画的に教育したほうが効果的と考えられます。

　文法を計画的に教える際、教師が文法を客観的に分析できるだけでは駄目なのと同じように、音声を計画的に教えるためには、音声学と音声教育についてのかなりの知識と能力を必要とします。何をどういう順序で教えるか、音環境を考慮し、どういう語や文を用いるかなど、音声学的にも、教育学的にも、さまざまなことを考える必要があります。

柔軟に対応すること

　「唯一絶対の教授法はない」「学習者の適性に合わせた教育」という言葉があるように、人によって効果的な指導法は異なります。「母語別の指導」を考えるとき、重要なことは、ある指導方法はある母語話者にしか使えないと思い込むより、誤りの原因が異なっていてもほかの言語話者にも使ってみるとか、一つの指導方法ではなく、いくつか方法があり得ると考えることです。

　いろいろと試行錯誤を経る過程で、効果的な方法があれば、それは正統的音声学の理論から多少逸脱しても、実践する価値があります。自分自身で考え、皆さんでいろいろなアイデアを出し合って、より効果的な教育法を模索してみるとよいでしょう。

国際音声記号表 (1993年改訂、1996年修正版)

子音（肺気流）

	両唇音	唇歯音	歯音	歯茎音	後部歯茎音	そり舌音	硬口蓋音	軟口蓋音	口蓋垂音	咽頭音	声門音
破裂音	p b			t d		ʈ ɖ	c ɟ	k ɡ	q ɢ		ʔ
鼻音	m	ɱ		n		ɳ	ɲ	ŋ	ɴ		
震え音	B			r					R		
弾き音				ɾ		ɽ					
摩擦音	ɸ β	f v	θ ð	s z	ʃ ʒ	ʂ ʐ	ç ʝ	x ɣ	χ ʁ	ħ ʕ	h ɦ
側面摩擦音				ɬ ɮ							
接近音		ʋ		ɹ		ɻ	j	ɰ			
側面接近音				l		ɭ	ʎ	ʟ			

記号が対になっているところは右が有声子音。黒塗りは不可能と思われる調音を表す。

子音（非肺気流）

吸着音	有声入破音	放出音
ʘ 両唇音	ɓ 両唇音	' 例：
ǀ 歯茎音	ɗ 歯音/歯茎音	p' 両唇音
ǃ (後部)歯茎音	ʄ 硬口蓋音	t' 歯音/歯茎音
ǂ 硬口蓋歯茎音	ɠ 軟口蓋音	k' 軟口蓋音
ǁ 歯茎側面音	ʛ 口蓋垂音	s' 歯茎摩擦音

その他の記号

ʍ 無声両唇軟口蓋摩擦音   ɕ ʑ 歯茎硬口蓋摩擦音
w 有声両唇軟口蓋接近音   ɺ 歯茎側面弾き音
ɥ 無声両唇硬口蓋接近音   ɧ ʃ と x の同時調音
H 無声喉頭蓋摩擦音   破擦音および二重調音は二つの記
ʕ 有声喉頭蓋摩擦音   号を連結符で結んで示してもよい。
ʡ 喉頭蓋破裂音   k͡p t͡s

母音

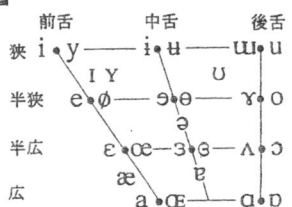

記号が対になっている箇所は右が円唇母音。

超分節要素

ˈ 主強勢
ˌ 第二強勢   ˌfoʊnəˈtɪʃən
ː 長音   eː
ˑ 半長音   eˑ
˘ 超短音   ĕ
| 小(フット)群
‖ 大(イントネーション)群
. 音節の切れ目   ɹi.ækt
‿ 連結(切れ目なし)

声調およびアクセント

平調	昇降調
e̋ ˥ 超高	ě ˬ / 上昇
é ˦ 高	ê ˯ \ 下降
ē ˧ 中	᷈ ˬ 高上昇
è ˨ 低	᷉ ˯ 低上昇
ȅ ˩ 超低	e᷈ ˯ 上昇下降
↓ ダウンステップ	↗ 全体的上昇
↑ アップステップ	↘ 全体的下降

国際音声記号表（口腔断面図付き）

（断面図の資料は、国立国語研究所報告一〇〇『日本語の母音、子音、音節 ―調音運動の実験音声学的研究―』（秀英出版、一九九〇）などを参考にした）

	両唇音	唇歯音	歯音	歯茎音
鼻音	図1 [m] 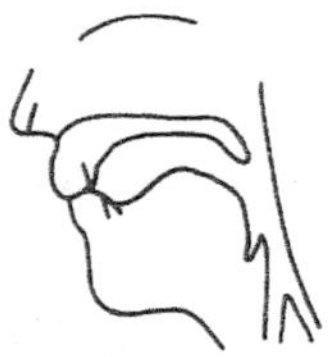	図2 [ɱ] 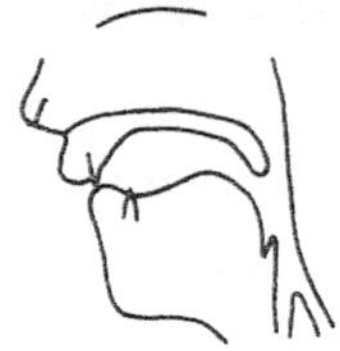		図3 [n] 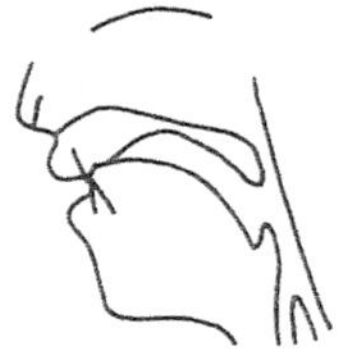
破裂音・破擦音	図8 [p][b] 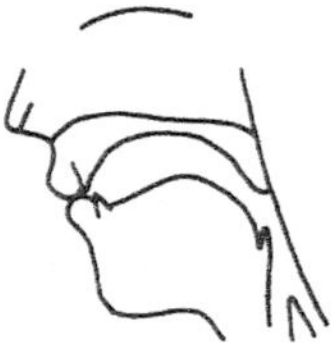			図9 [t][d][ts][dz] 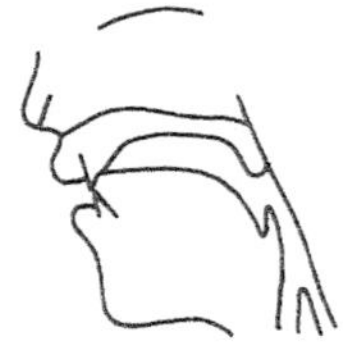
摩擦音	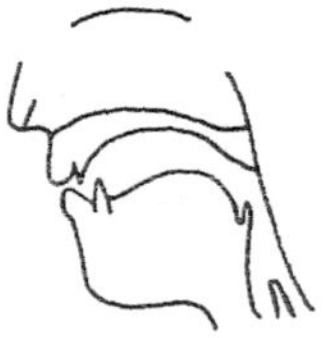 図12 [ɸ][β]	図13 [f][v] 	図14 [θ][ð] 	図15 [s][z] 

接近音／側面接近音／弾き音

①は、気流が鼻腔へ流れる際のフタの役割を果たしており、これが開いている場合は、マ行、ナ行、ガ行鼻音、撥音「ン」などで、表の一段目の図のように、調音点に応じた鼻音 [m][n][ɲ][ŋ]……となる。口腔内や唇に妨げのない場合は、鼻母音。
②は表の横並びになる「調音点」。③は表の縦並びになる「調音法」のこと。
④唇も調音点の一つだが、分かりやすいので着眼点の一つとなる。閉じていればバ行、パ行(促音「ッ」)、マ行(撥音「ン」)。
つまり、右の図のように、①が閉じ、②③が歯茎硬口蓋のあたりで接近し、④が開いている子音は「歯茎硬口蓋摩擦音」。有声／無声の違いは、この図からは分からない。

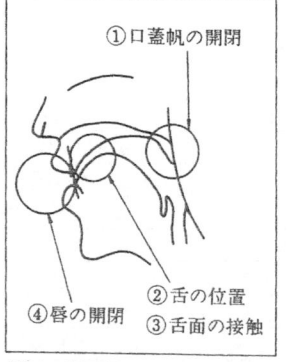

図24 断面図を見るときのポイント
①口蓋帆の開閉
②舌の位置
③舌面の接触
④唇の開閉

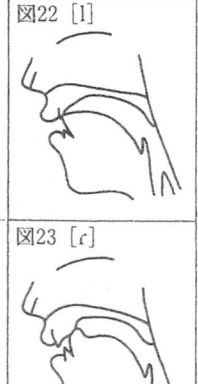

図22 [l]

図23 [ɾ]

歯茎硬口蓋音	硬口蓋音	軟口蓋音	口蓋垂音	声門音
	図4 [ɲ] 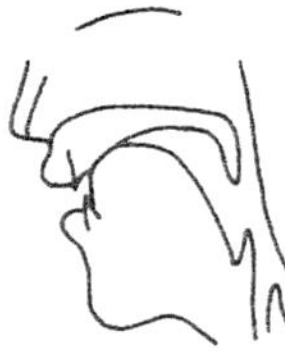	図5 [ŋ] 	図6 [N] 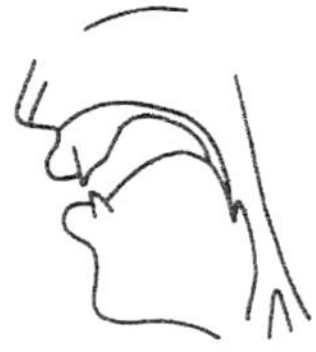	(図7 [ã] 鼻母音) 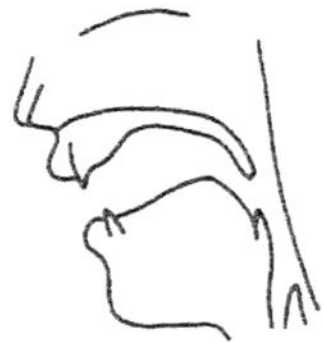
図10 [tɕ][dʑ] 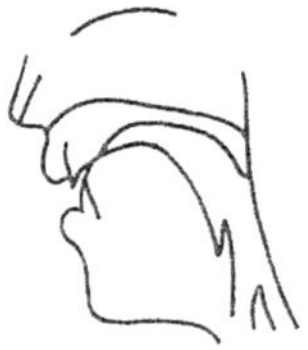		図11 [k][g] 		
図16 [ɕ][ʑ] 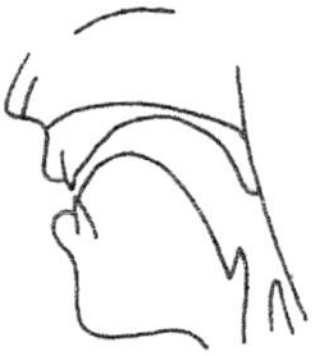	図17 [ç][j] 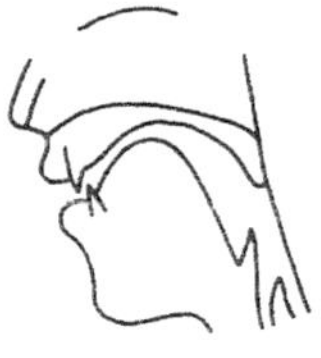	図18 [x][ɣ] 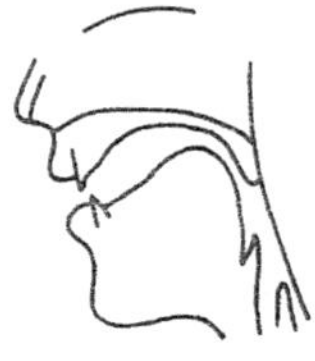		図19 [h][ɦ] 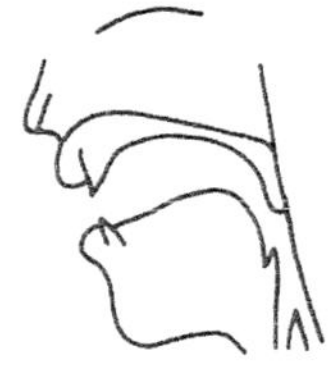
	図20 [j] 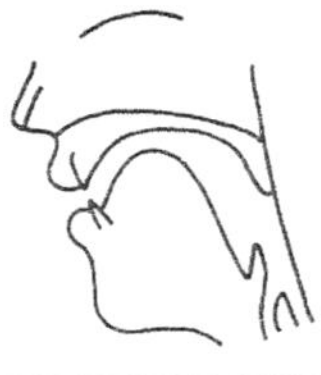	図21 [w] 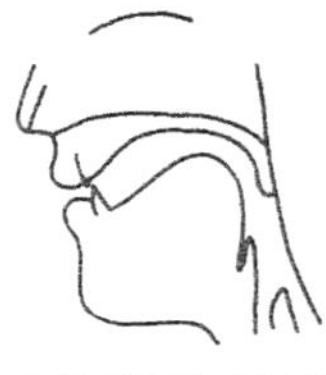 (両唇・軟口蓋音)		

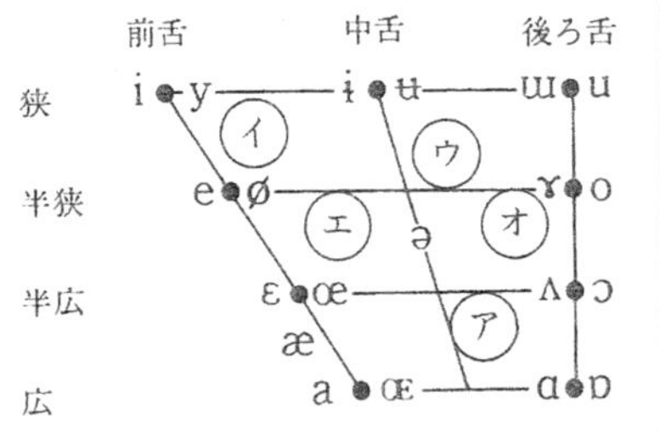

図25 母音図
(むかって左が非円唇母音・右が円唇母音)

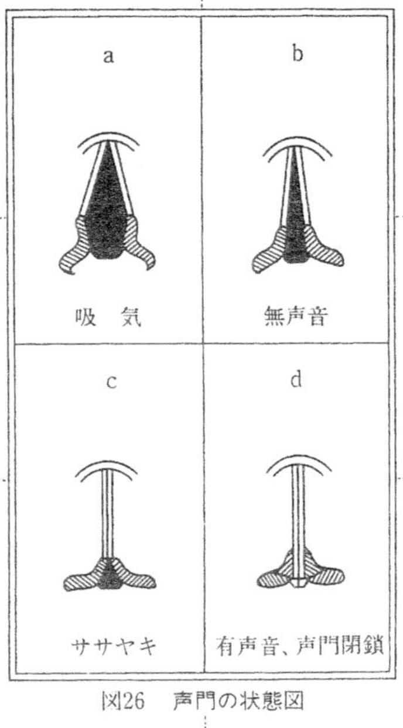

図26 声門の状態図
a 吸気 / b 無声音 / c ササヤキ / d 有声音、声門閉鎖

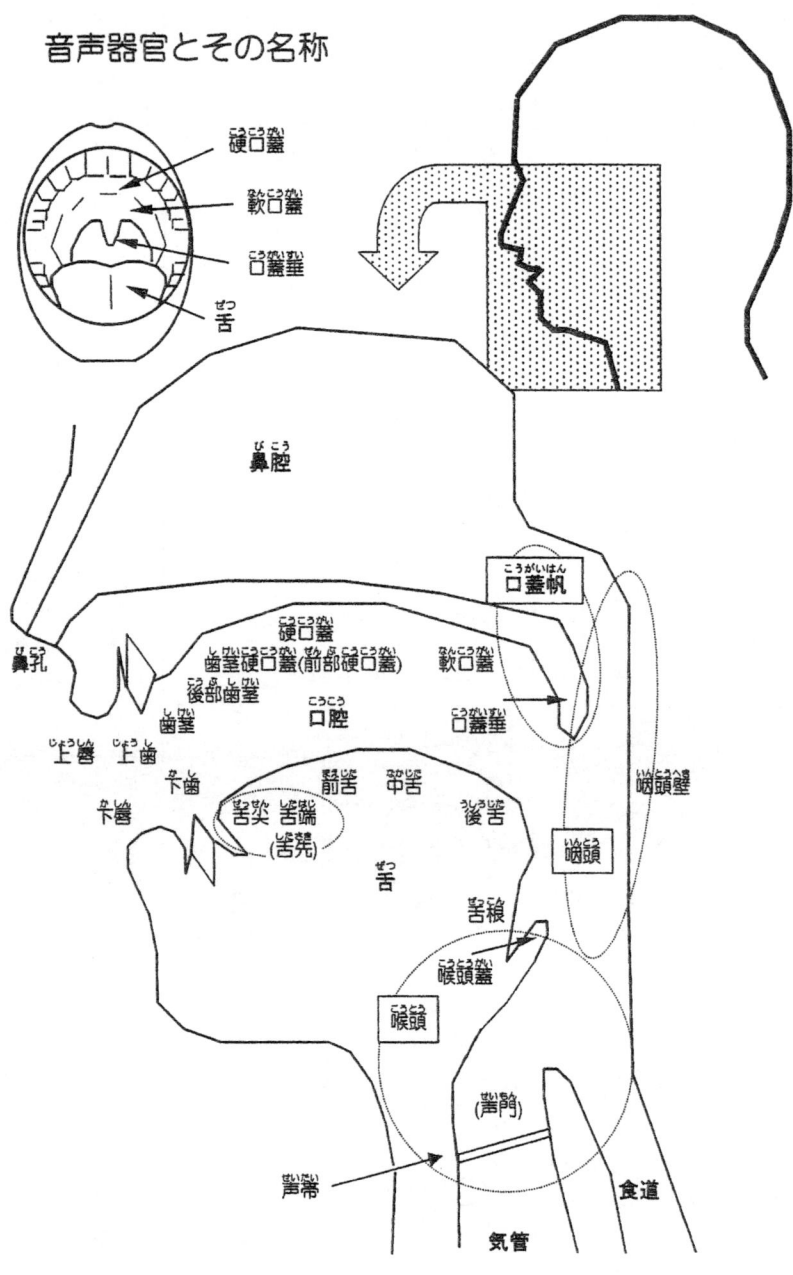

拡大五十音図

	両唇		歯茎		歯茎硬口蓋	硬口蓋	軟口蓋		声門	
無声	ファ[ɸa] フィ[ɸʲi] フ[ɸɯ] フュ[ɸʲɯ] フェ[ɸe] フォ[ɸo]		サ[sa] スィ[sʲi] ス[sɯ] セ[se] ソ[so]		シャ[ɕa] シ[ɕi] シュ[ɕɯ] シェ[ɕe] ショ[ɕo]	ヒャ[ça] ヒ[çi] ヒュ[çɯ] ヒェ[çe] ヒョ[ço]			ハ[ha] ヘ[he] ホ[ho]	摩擦音
有声			ザ[za] ズィ[zʲi] ズ[zɯ] ゼ[ze] ゾ[zo]		ジャ[ʑa] ジ[ʑi] ジュ[ʑɯ] ジェ[ʑe] ジョ[ʑo]					
無声			ツァ[tsa] ツィ[tsʲi] ツ[tsɯ] ツェ[tse] ツォ[tso]		チャ[tɕa] チ[tɕi] チュ[tɕɯ] チェ[tɕe] チョ[tɕo]					破擦音
有声			ザ[dza] ズィ[dzʲi] ズ[dzɯ] ゼ[dze] ゾ[dzo]		ジャ[dʑa] ジ[dʑi] ジュ[dʑɯ] ジェ[dʑe] ジョ[dʑo]					
無声	パ[pa] プ[pɯ] ペ[pe] ポ[po]	ピャ[pʲa] ピ[pʲi] ピュ[pʲɯ] ピョ[pʲo]	タ[ta] ティ[tʲi] トゥ[tɯ] テュ[tʲɯ] テ[te] ト[to]			キャ[kʲa] キ[kʲi] キュ[kʲɯ] キョ[kʲo]	カ[ka] ク[kɯ] ケ[ke] コ[ko]			破裂音
有声	バ[ba] ブ[bɯ] ベ[be] ボ[bo]	ビャ[bʲa] ビ[bʲi] ビュ[bʲɯ] ビョ[bʲo]	ダ[da] ディ[dʲi] ドゥ[dɯ] デュ[dʲɯ] デ[de] ド[do]			ギャ[gʲa] ギ[gʲi] ギュ[gʲɯ] ギョ[gʲo]	ガ[ga] グ[gɯ] ゲ[ge] ゴ[go]			
有声	マ[ma] ム[mɯ] メ[me] モ[mo]	ミャ[mʲa] ミ[mʲi] ミュ[mʲɯ] ミョ[mʲo]	ナ[na] ヌ[nɯ] ネ[ne] ノ[no]			ニャ[ɲa] ニ[ɲi] ニュ[ɲɯ] ニェ[ɲe] ニョ[ɲo]	ギャ[ŋʲa] ギ[ŋʲi] ギュ[ŋʲɯ] ギョ[ŋʲo]	ガ[ŋa] グ[ŋɯ] ゲ[ŋe] ゴ[ŋo]		鼻音
有声			ラ[ɾa] ル[ɾɯ] レ[ɾe] ロ[ɾo]	リャ[ɾʲa] リ[ɾʲi] リュ[ɾʲɯ] リョ[ɾʲo]						弾き音
有声	(ワ[wa]) (ウィ[wi]) (ウェ[we]) (ウォ[wo])					ヤ[ja] ユ[jɯ] イェ[je] ヨ[jo]	(ワ[wa]) (ウィ[wi]) (ウェ[we]) (ウォ[wo])			接近音

キャ、ギャ、ニャ等、枠線のない箇所は、調音点が前後に幅のあることを示す。
両唇軟口蓋二重調音子音のワ等は、（　）つきで示す。

参考文献

　本書では、できる限りわかりやすく進めていくことを考慮しました。しかし、紙数の制限もあり、必ずしも十分説明できなかったものもあります。そこで、さらに学習を深めるために参考文献を挙げます。入手困難なものもありますが、図書館で見るなりして勉強してください。

A. 音声学初級編

- 『日本語教師トレーニングマニュアル① 日本語の音声入門 解説と演習』
  猪塚元・猪塚恵美子（バベル・プレス）
  テープ付き。聞き取り問題が多く、検定試験に対応。
- 『日本語音声概説』川上蓁（おうふう）
  アクセントとイントネーションに関する新しいとらえ方がわかる。
- 『日本語教師のための 言語学入門』小泉保（大修館書店）
  音声学だけでなく、文法など、言語学全般が載っているお得な一冊。
- 『音声アクセントクリニック』（テキスト、テープ）酒井裕（凡人社）
  具体的な例文が豊富で実践的。美しい日本語発音を習得するのにも有益。
- 『日本語教育指導参考書1 音声と音声教育』文化庁編（大蔵省印刷局）
  スモールステップとフィードバックで音声学が学べる。
- 『明解日本語アクセント辞典』金田一春彦監修・秋永一枝編（三省堂）
- 『NHK　日本語発音アクセント辞典　新版』NHK放送文化研究所編
  （日本放送出版協会）
- 『全国アクセント辞典』平山輝男編（東京堂出版）
  上記3冊は辞典だが、標準のアクセントを調べるだけでなく、巻末の解説はかなり詳しく、勉強になる。

B. 音声学上級編

- 『日本語音声学』（テキスト、テープ）天沼寧・大坪一夫・水谷修
  （くろしお出版）
  日本語音声学の古典的名著。プロミネンスなども詳しい。
- 『音声学入門』小泉保（大学書林）
  面白いエピソードや身近な例から音声学が学べる。

- 『日本語音声学入門』斎藤純男(三省堂)
  図版が非常に豊富。語例も一般的な外国語中心でわかりやすい。
- 『新装増訂三版 音声学』(テキスト、テープ)
  城生佰太郎(バンダイ・ミュージック)
- 『ビデオ音声学 上・下』城生佰太郎(バンダイ・ミュージック)
  上記2点は同じ著者によるもの。世界の諸言語音の具体例が聞ける。
- 『講座日本語と日本語教育2 日本語の音声・音韻(上)』
  杉藤美代子編(明治書院)
  概説書には載っていない専門的知見に触れられる。
- 『岩波講座 言語の科学2 音声』田窪行則ほか(岩波書店)
  概説書が扱わない最新の情報に触れられるが、少し難しい。
- 『音声学 改訂版』服部四郎(岩波書店)
  音声学の古典的名著だが、少し難しい。

C. 音声教育実践編、その他

『教師用日本語教育ハンドブック⑥発音 改訂版』
  国際交流基金日本語国際センター(凡人社)
  学習者の誤りやすい発音を中心に解説。ミニマルペア集が便利。
- 『日本語の発音指導 VT法の理論と実際』
  クロード・ロベルジュ、木村匡康(凡人社)
  VT法の具体的テクニックの解説があり、示唆に富む。
- 『講座日本語と日本語教育3 日本語の音声・音韻(下)』
  杉藤美代子編(明治書院)
  学習者の誤りやすい発音、その指導法、音声教育の諸問題がわかる。

- 『外国人のための日本語 例文・問題シリーズ12 発音・聴解』
  土岐哲・村田水恵(荒竹出版)
  プロソディ教育用教材。イントネーション分類が詳しい。
- 『外国人とのコミュニケーション』J.V.ネウストプニー(岩波書店)
  ストラテジーに関する記述を学びたいときに。

- 『日本語教育能力検定試験 模擬テスト問題集』
  日本語教師読本編集部編(アルク)
  過去の検定試験の傾向を知り、対策を立てるのに有益。

音声記号索引（数字はページ数。調音点名，調音法名から調べるときは，

	両唇音		唇歯音		歯音		歯茎音		後部歯茎音	
鼻音	[m] 54,60,62 68,86,94 138,145, 147,177		[ɱ] 95				[n] 33,54,60 62,86,94 138,147, 155,171			
破裂音	[p] 32,53,55 60,62,68 69,86,95 137,138	[b] 60, 67, 68, 86, 94, 95, 138,176					[t] 32,54,60 62,75,77 137,146, 148,155	[d] 25,32,37 46,60,68 75,77,94 95, 155		
破擦音							[ts] 75, 76, 86, 103, 137,148, 169,171	[dz] 76, 77, 86, 94, 95, 103, 138,148	[tʃ] 77, 173	[dʒ] 77
摩擦音	[ɸ] 67, 68, 69, 95, 100,138, 147,150	[β] 94, 95, 100	[f] 95, 100, 173	[v] 95, 100	[θ] 33,77, 95,145 150	[ð] 77, 95	[s] 54,60,75 95, 103, 137,146, 148,155	[z] 60, 76, 86, 94, 95, 103, 148,155	[ʃ] 77, 173	[ʒ] 77
接近音	[w] （両唇 軟口蓋） 61,62,68 95, 102, 103,173						[ɹ] 65, 151, 173		[ɻ] （そり舌） 65, 151	
側面接近音							[l] 31, 95, 100,146, 147,155, 172		[ɭ] （そり舌） 155, 173	
弾き音							[ɾ] 61,62,65 68, 95, 147,151, 155,173			
震え音							[r] 31, 65, 95,147, 151			

補助記号
[ʲ] 口蓋化　86, 148, 172, 173
[ː] 長音　137, 138, 140, 173
[¨] 中舌化　103, 137, 138, 148
[~] 鼻音化　94,138,145,171,177
[˳] 無声化　25, 103, 169
[ʰ] 有気　32, 37, 169, 173

縦横の行・列を利用して見てください)

歯茎硬口蓋音		硬口蓋音		軟口蓋音		口蓋垂音	声門音	
			[ɲ] 86,87,95 138,147, 154,155, 172,177		[ŋ] 93,94,95 138,147, 148,150, 177	[ɴ] 138, 150, 177		
		[c] 87, 155	[ɟ] 87, 155	[k] 16,25,32 55,60,62 68,86,95 137,173	[g] 60, 65, 68, 86, 93, 94, 95		[ʔ] 61, 68, 95, 137, 173	
[tɕ] 76, 77, 86, 87, 95,137, 148,169	[dʑ] 76, 77, 86, 87, 95,148, 173							
[ɕ] 75, 86, 95, 137, 138,148, 171	[ʑ] 76, 77, 86, 95, 148	[ç] 67, 75, 86, 95, 138,147, 150,171	[j] 61, 68, 95	[x] 94, 95, 172	[ɣ] 94, 95		[h] 67, 68, 94, 95, 147,150 171,173	[ɦ] 68, 69, 95
			[j] 61,62,65 68,86,95 102,169, 173		[ɰ] 61, 103			

```
          前舌              中舌              後舌
  狭   [i]    [y]    102,172[ɨ]  [ʉ]102   [ɯ]       [u] 102,
       86,103, 64,102,                     103,147,  103,169
       147,148 103    [ɪ]172    145,173[ʊ] 169,179  173,179

  半狭  [e]    [ø]                          [ɤ]       [o]
       102,147 102                          102,103  102,103
                                                     147
                          [ə]102,173
  半広  102[ɛ]  [œ]102,                     [ʌ]       [ɔ]
       102,173[æ] 107                       102,145  102

  広    102,147[a]                 102,145[ɑ]  [ɒ]102
```

(● の左側は 非円唇母音, 右側は 円唇母音)

語彙索引

※→は参照項目を指します。

【あ行】

IPA 〈→国際音声記号〉 31
アクセント 〈→プロソディ〉 38,39,40,108,109,115,128,175,176,181,182,183
アクセント核 〈→核〉 44,45,129,130,136
アクセント型 〈→型〉 44,45,129
アクセント句 〈→アクセント節〉 108
アクセント節 〈→アクセント句〉 108,109
アクセントの滝 44
頭高型 44,45
誤り 〈→エラー〉 31,35,166,170,171,174,184
言いよどみ 〈→フィラー〉 156
異音 32,35,147,148,171,178
一型アクセント 46
イントネーション 〈→プロソディ〉 38,115,181,183
ウエーファ・メソッド 180
ウ音便 61
後舌母音 〈→奥舌母音〉 102,103
エラー 〈→誤り〉 31,35
円唇 173,179
円唇化 103
円唇性 101,103,171,173
円唇母音 103,169,179
奥舌母音 〈→後舌母音〉 102
尾高型 40,44,45
音韻 31,32,76
音韻的音節 〈→拍〉 139
音韻論 24,147,175
音声教育 166,167,168,169
音声的音節 139

音節 24,39,139,175,176,177
音素 31,32,35,147,148,172

【か行】

開音節 139
開音節言語 139
開口度 101
外国語なまり 171,172
外破 53
外来語 73,93
外来語音 24,67,90,148
核 〈→滝〉 44,109,181
学習ストラテジー 156
下降調 115,116,170,183
型 〈→アクセント型〉 44,46,183
硬口蓋化 〈→口蓋化〉 85
環境 77,147,180,184
干渉 35,172
感情的評価 171
簡略表記 86,102,138
基準 178
気息の有無 32,37
起伏式 44,130,183
強弱 181
教授項目 167
際立たせ 110,112
際立ち 112
近畿方言 38,40,46,52,103,141,179
緊張 175,178,179,180
緊張する音 180
孔雀経音義 62
口むろ 〈→口腔〉 53
継続音 55,138
形態素境界 137
京阪式アクセント 46

現代かなづかい　19,69
現代仮名遣い　23,69
口蓋　146,155
口蓋化　〈→硬口蓋化〉　85,86,87,173,
　180
口蓋帆　54,94
口腔　〈→口むろ〉　53
硬口蓋化　〈→口蓋化〉　85
口腔断面図　〈→正中断面図〉
　53,168
後舌母音　〈→奥舌母音〉　102,103
合拗音　69,73
国際音声記号　〈→IPA〉　31,77,87,
　101,103,107,137
国際音声記号表　82
五十音図　18,107
誤答分析　〈→誤用分析〉　31
コミュニカティブ・アプローチ　166
コミュニケーション・ストラテジー
　156
誤用分析　〈→誤答分析〉　31
混同　75,76,172,173

【さ行】
最小対　〈→ミニマルペア〉　32,148
恣意的　38,128,182
子音　〈→単音〉　181
視覚的な情報　183
持続音　179
舌位置　103,179
悉曇学　62
自由異音　147
終助詞　183
周波数　117
自由変異　147
縮約形　26,27,28,29
準アクセント　108,182
瞬間音　55,138,179

条件異音　147,154
上昇調　115,116,170,182,183
シラビーム方言　141
自立拍　175
唇音退化　68,73
ストラテジー　156
ストレス　39,166
清音　19,60,178
声帯　60
声帯振動　32,35,60,67,68,82,84,94,101,
　103,154,179
清濁　32,33,60,67,68
正中断面図　〈→口腔断面図〉　53,155
正の転移　172
精密表記　86,103,138
舌の前後の位置　101,102
舌の高さ　101
狭母音　101,103
前舌母音　102,103
相補的分布　〈→相補分布を成す〉
　147,148
相補分布　147,148
相補分布を成す　〈→相補的分布〉
　147,148
促音　〈→特殊拍〉　20,129,138,139,
　148,173,176,178
促音化　25

【た行】
帯気音　〈→有気音〉　32
平調　115,116,170
対立　31,32,35,170,171,178
滝　〈→核〉　44,109
濁音　19,60,68
卓立　〈→プロミネンス〉　110
卓立上昇調　115,117,182
ターンテイキング　156
脱落　26,33,103,173,177

単音　〈→子音、母音〉　31,181
短母音　173
断面図　184
中舌母音　102
長音　〈→特殊拍〉　20,26,129,137,139,175
調音　55,61,85,87,94,179,180,
調音域　55,87
調音位置　〈→調音点〉　55,56
調音器官　101
調音者　〈→能動的調音体〉　85,180
調音点　〈→調音位置〉　55,56,60,62,67,68,76,77,82,84,85,86,87,101,171,179,180
調音法　〈→調音様式〉　55,56,60,62,67,68,76,82,84,94,101,179
調音様式　〈→調音法〉　55,56
長母音　173
直音　19,26,86,148
直音化　26,69
teacher talk　182
転移　35,172
転音　25,29,30
同化　25,86,147,148
東京式アクセント　46
東京方言　38,40,45,46,52,129,141
統語機能　108
等時性　175
東北方言　141
特殊音節　141
特殊拍　〈→長音、促音、撥音〉　20,24,25,129,130,139,141,175

【な行】
内閣訓令式ローマ字　148
内破　53
長降　116
長子音　138

中舌母音　102
長平　116
中高型　44,45,130
長昇　116,136,183
二型アクセント　46
二重母音　173
ニーズ　166,167
日本語らしさ　181,183
濃音　178
能動的調音体　〈→調音者〉　85

【は行】
ハ行転呼　69
拍　24,139,148,171,175,176
拍感覚　24,139,175,177
拍内上昇　183
撥音　〈→特殊拍〉　20,129,138,139,147,148,173,177
撥音化　26
発音模倣能力　169
鼻むろ　〈→鼻腔〉　54
半狭母音　101
半濁音　19,60,68
半広母音　101
半母音　〈→わたり音〉　61,103,138,177
非円唇　169,173,179
非円唇母音　103,179
鼻音化　177
鼻腔　〈→鼻むろ〉　54
鼻腔の関与　94
非上昇調　116
非帯気音　〈→無気音〉　32
鼻濁音　93,94,148
ピッチ　39
鼻母音　94,138,177
評価　171
広母音　101

VT法　178,180
フィラー　〈→言いよどみ〉　156
複合語　181
負の転移　172
プロソディ　〈→アクセント、イントネーション、プロミネンス〉　181,183
プロソディグラフ　183
プロミネンス　〈→卓立、プロソディ〉　110,112,181
文末イントネーション　〈→イントネーション〉　183
平音　178
閉音節　139
閉音節言語　139
平唇母音　103
平坦調　183
平板化　46,183
平板型　40,44,45,117,128,176
平板式　44
ヘボン式　75
ヴェルボトナルメソッド　〈→VT法〉　178
弁別機能　39,40,41,46,108
母音　〈→単音〉　138,176,177,179,181
母音の無声化　〈→無声化〉　25,84,103,106,171
母音連続　137,172,173
母語　169,172,177,180,184
母語の干渉　31,172,174,181
ポーズ　177

【ま行】

前舌母音　102,103
短昇　116,170,183
ミニマルペア　〈→最小対〉　32,175
無アクセント　46
無音区間　176

無気音　〈→非帯気音〉　32,33,154
無声化母音拍　129,130
モーラ　24,139,141
モーラ方言　141

【や行】

ヤマ　182
有気音　〈→帯気音〉　32,33,35,37,170
有声音　32,33,35,37,60,61,68,76,117,154,178
有声化　69,173
ゆれ　46,130
拗音　19,24,26,86,148,176
四つ仮名　76
弱平　116

【ら・わ行】

リエゾン　145
リズム　24,171,175,176
流音　147
リラックス　178,180
歴史的仮名遣い　18,69
連声　145
連濁　19,25,29,73
わたり音　〈→半母音〉　61

松崎　寛（まつざきひろし）
広島大学大学院教育学研究科専任講師。東北大学文学部助手、東京農工大学留学生センター非常勤講師を経て現職。
主な著書：『日本語「らしさ」の言語学』講談社（共著）、『展望現代の日本語』白帝社（共著）。

河野俊之（かわのとしゆき）
横浜国立大学教育人間科学部助教授
主な著書・論文：『Teach Japanese－日本語を教えよう－』（凡人社）、「プロソディーと丁寧表現－東京・大阪・名古屋の方言差を考慮して－」『日本音声学会会報』208号。